法苑珠林

中国佛学经典宝藏

122

王邦维 释译

星云大师总监修

《中国佛学经典宝藏》
大陆简体字版编审委员会

主任委员：赖永海

委　　员：（以姓氏笔画为序）

王月清　王邦维　王志远　王雷泉

业露华　许剑秋　吴根友　陈永革

徐小跃　龚　隽　彭明哲　葛兆光

董　群　程恭让　鲁彼德　温金玉

潘少平　潘桂明　魏道儒

总序

星云

> 自读首楞严,从此不尝人间糟糠味;
> 认识华严经,方知已是佛法富贵人。

诚然,佛教三藏十二部经有如暗夜之灯炬、苦海之宝筏,为人生带来光明与幸福,古德这首诗偈可说一语道尽行者阅藏慕道、顶戴感恩的心情!可惜佛教经典因为卷帙浩瀚、古文艰涩,常使忙碌的现代人有义理远隔、望而生畏之憾,因此多少年来,我一直想编纂一套白话佛典,以使法雨均沾,普利十方。

一九九一年,这个心愿总算有了眉目。是年,佛光山在中国大陆广州市召开"白话佛经编纂会议",将该套丛书定名为《中国佛教经典宝藏》[①]。后来几经集思广

[①] 编者注:《中国佛教经典宝藏》丛书,大陆出版时改为《中国佛学经典宝藏》丛书。

益,大家决定其所呈现的风格应该具备下列四项要点:

一、启发思想:全套《中国佛教经典宝藏》共计百余册,依大乘、小乘、禅、净、密等性质编号排序,所选经典均具三点特色:

1. 历史意义的深远性
2. 中国文化的影响性
3. 人间佛教的理念性

二、通顺易懂:每册书均设有原典、注释、译文等单元,其中文句铺排力求流畅通顺,遣词用字力求深入浅出,期使读者能一目了然,契入妙谛。

三、文简意赅:以专章解析每部经的全貌,并且搜罗重要的章句,介绍该经的精神所在,俾使读者对每部经义都能透彻了解,并且免于以偏概全之谬误。

四、雅俗共赏:《中国佛教经典宝藏》虽是白话佛典,但亦兼具通俗文艺与学术价值,以达到雅俗共赏、三根普被的效果,所以每册书均以题解、源流、解说等章节,阐述经文的时代背景、影响价值及在佛教历史和思想演变上的地位角色。

兹值佛光山开山三十周年,诸方贤圣齐来庆祝,历经五载、集二百余人心血结晶的百余册《中国佛教经典宝藏》也于此时隆重推出,可谓意义非凡,论其成就,则有四点可与大家共同分享:

一、佛教史上的开创之举：民国以来的白话佛经翻译虽然很多，但都是法师或居士个人的开示讲稿或零星的研究心得，由于缺乏整体性的计划，读者也不易窥探佛法之堂奥。有鉴于此，《中国佛教经典宝藏》丛书突破窠臼，将古来经律论中之重要著作，做有系统的整理，为佛典翻译史写下新页！

二、杰出学者的集体创作：《中国佛教经典宝藏》丛书结合中国大陆北京、南京各地名校的百位教授、学者通力撰稿，其中博士学位者占百分之八十，其他均拥有硕士学位，在当今出版界各种读物中难得一见。

三、两岸佛学的交流互动：《中国佛教经典宝藏》撰述大部分由大陆饱学能文之教授负责，并搜录台湾教界大德和居士们的论著，借此衔接两岸佛学，使有互动的因缘。编审部分则由台湾和大陆学有专精之学者从事，不仅对中国大陆研究佛学风气具有带动启发之作用，对于台海两岸佛学交流更是帮助良多。

四、白话佛典的精华集萃：《中国佛教经典宝藏》将佛典里具有思想性、启发性、教育性、人间性的章节做重点式的集萃整理，有别于坊间一般"照本翻译"的白话佛典，使读者能充分享受"深入经藏，智慧如海"的法喜。

今《中国佛教经典宝藏》付梓在即，吾欣然为之作序，并借此感谢慈惠、依空等人百忙之中，指导编修；吉广舆等人奔走两岸，穿针引线；以及王志远、赖永海等大陆教授的辛勤撰述；刘国香、陈慧剑等台湾学者的周详审核；满济、永应等"宝藏小组"人员的汇编印行。他们的同心协力，使得这项伟大的事业得以不负众望，功竟圆成！

《中国佛教经典宝藏》虽说是大家精心擘划、全力以赴的巨作，但经义深邃，实难尽备；法海浩瀚，亦恐有遗珠之憾；加以时代之动乱，文化之激荡，学者教授于契合佛心，或有差距之处。凡此失漏必然甚多，星云谨以愚诚，祈求诸方大德不吝指正，是所至祷。

一九九六年五月十六日于佛光山

原版序
敲门处处有人应

《中国佛教经典宝藏》是佛光山继《佛光大藏经》之后,推展人间佛教的百册丛书,以将传统《大藏经》精华化、白话化、现代化为宗旨,力求佛经宝藏再现今世,以通俗亲切的面貌,温渥现代人的心灵。

佛光山开山三十年以来,家师星云上人致力推展人间佛教,不遗余力,各种文化、教育事业蓬勃创办,全世界弘法度化之道场应机兴建,蔚为中国现代佛教之新气象。这一套白话精华大藏经,亦是大师弘教传法的深心悲愿之一。从开始构想、擘划到广州会议落实,无不出自大师高瞻远瞩之眼光,从逐年组稿到编辑出版,幸赖大师无限关注支持,乃有这一套现代白话之大藏经问世。

这是一套多层次、多角度、全方位反映传统佛教文化的丛书,取其精华,舍其艰涩,希望既能将《大藏经》

深睿的奥义妙法再现今世，也能为现代人提供学佛求法的方便舟筏。我们祈望《中国佛教经典宝藏》具有四种功用：

一、是传统佛典的精华书

中国佛教典籍汗牛充栋，一套《大藏经》就有九千余卷，穷年皓首都研读不完，无从赈济现代人的枯槁心灵。《宝藏》希望是一滴浓缩的法水，既不失《大藏经》的法味，又能有稍浸即润的方便，所以选择了取精用弘的摘引方式，以舍弃庞杂的枝节。由于执笔学者各有不同的取舍角度，其间难免有所缺失，谨请十方仁者鉴谅。

二、是深入浅出的工具书

现代人离古愈远，愈缺乏解读古籍的能力，往往视《大藏经》为艰涩难懂之天书，明知其中有汪洋浩瀚之生命智慧，亦只能望洋兴叹，欲渡无舟。《宝藏》希望是一艘现代化的舟筏，以通俗浅显的白话文字，提供读者遨游佛法义海的工具。应邀执笔的学者虽然多具佛学素养，但大陆对白话写作之领会角度不同，表达方式与台湾有相当差距，造成编写过程中对深厚佛学素养与流畅白话语言不易兼顾的困扰，两全为难。

三、是学佛入门的指引书

佛教经典有八万四千法门，门门可以深入，门门是无限宽广的证悟途径,可惜缺乏大众化的入门导览,不易寻觅捷径。《宝藏》希望是一支指引方向的路标,协助十方大众深入经藏,从先贤的智慧中汲取养分,成就无上的人生福泽。

四、是解深入密的参考书

佛陀遗教不仅是亚洲人民的精神归依,也是世界众生的心灵宝藏。可惜经文古奥,缺乏现代化传播,一旦庞大经藏沦为学术研究之训诂工具,佛教如何能扎根于民间?如何普济僧俗两众?我们希望《宝藏》是百粒芥子,稍稍显现一些须弥山的法相,使读者由浅入深,略窥三昧法要。各书对经藏之解读诠释角度或有不足,我们开拓白话经藏的心意却是虔诚的,若能引领读者进一步深研三藏教理,则是我们的衷心微愿。

大陆版序一

　　《中国佛教经典宝藏》是一套对主要佛教经典进行精选、注译、经义阐释、源流梳理、学术价值分析,并把它们翻译成现代白话文的大型佛学丛书,成书于二十世纪九十年代,由台湾佛光文化事业有限公司出版,星云大师担任总监修,由大陆的杜继文、方立天以及台湾的星云大师、圣严法师等两岸百余位知名学者、法师共同编撰完成。十几年来,这套丛书在两岸的学术界和佛教界产生了巨大的影响,对研究、弘扬作为中国传统文化重要组成部分的佛教文化,推动两岸的文化学术交流发挥了十分重要的作用。

　　《中国佛学经典宝藏》则是《中国佛教经典宝藏》的简体字修订版。之所以要出版这套丛书,主要基于以下的考虑:

　　首先,佛教有三藏十二部经、八万四千法门,典籍浩瀚，博大精深，即便是专业研究者，穷其一生之精力，恐也难阅尽所有经典，因此之故，有"精选"之举。

其次，佛教源于印度，汉传佛教的经论多译自梵语；加之，代有译人，版本众多，或随音，或意译，同一经文，往往表述各异。究竟哪一种版本更契合读者根机？哪一个注疏对读者理解经论大意更有助益？编撰者除了标明所依据版本外，对各部经论之版本和注疏源流也进行了系统的梳理。

再次，佛典名相繁复，义理艰深，即便识得其文其字，文字背后的义理，诚非一望便知。为此，注译者特地对诸多冷僻文字和艰涩名相，进行了力所能及的注解和阐析，并把所选经文全部翻译成现代汉语。希望这些注译，能成为修习者得月之手指、渡河之舟楫。

最后，研习经论，旨在借教悟宗、识义得意。为了将其思想义理和现当代价值揭示出来，编撰者对各部经论的篇章品目、思想脉络、义理蕴涵、学术价值等所做的发掘和剖析，真可谓殚精竭虑、苦心孤诣！当然，佛理幽深，欲入其堂奥、得其真义，诚非易事！我们不敢奢求对于各部经论的解读都能鞭辟入里，字字珠玑，但希望能对读者的理解经义有所启迪！

习近平主席最近指出："佛教产生于古代印度，但传入中国后，经过长期演化，佛教同中国儒家文化和道家文化融合发展，最终形成了具有中国特色的佛教文化，给中国人的宗教信仰、哲学观念、文学艺术、礼仪习俗等留下了深刻影响。"如何去研究、传承和弘扬优秀佛教文化，是摆在我们面前的一个重要课题，人民东方出版传媒有限公司拟对繁体字版的《中国佛教经典宝藏》进行修订，并出版简体字版的《中国佛学经典宝藏》，随喜赞叹，寥寄数语，以叙因缘，是为序。

二〇一六年春于南京大学

大陆版序二

依空

　　身材高大、肤色白皙、擅长军事的亚利安人，在公元前四千五百多年从中亚攻入西北印度，把当地土著征服之后，为了彻底统治这里的人民，建立了牢不可破的种姓制度，创造了无数的神祇，主要有创造神梵天、破坏神湿婆、保护神毗婆奴。人们的祸福由梵天决定，为了取悦梵天大神，需要透过婆罗门来沟通，因为他们是从梵天的口舌之中生出，懂得梵天的语言——繁复深奥的梵文，婆罗门阶级是宗教祭祀师，负责教育，更掌控了神与人之间往来的话语权。四种姓中最重要的是刹帝利，举凡国家的政治、经济、军事、文化等等都由他们实际操作，属贵族阶级，由梵天的胸部生出。吠舍则是士农工商的平民百姓，由梵天的膝盖以上生出。首陀罗则是被踩在梵天脚下的土著。前三者可以轮回，纵然几世轮转都无法脱离原来种姓，称为再生族；首陀罗则连轮回的因缘都没有，为不生族，生生世世为首陀罗，子孙也倒霉跟着宿命，无法改变身份。相对于此，贱民比首陀罗更为卑微、低贱，连四种姓都无法跻身其中，只能从事挑粪、焚化尸体等最卑贱、龌龊的工作。

出身于高贵种姓释迦族的悉达多太子，为了打破种姓制度的桎梏，舍弃既有的优越族姓，主张一切众生皆平等，成正等觉，创立了佛教僧团。为了贯彻佛教的平等思想，佛陀不仅先度首陀罗身份的优婆离出家，后度释迦族的七王子，先入山门为师兄，树立僧团伦理制度。佛陀更严禁弟子们用贵族的语言——梵文宣讲佛法，而以人民容易理解的地方口语来演说法义，这就是巴利文经典的滥觞。佛陀认为真理不应该是属于少数贵族、知识分子的专利或装饰，而应该更贴近普罗大众，属于平民百姓共有共知。原来佛陀早就在推动佛法的普遍化、大众化、白话化的伟大工作。

佛教从西汉哀帝末年传入中国，历经东汉、魏晋南北朝、隋唐的漫长艰巨的译经过程，加上历代各宗派祖师的著作，积累了庞博浩瀚的汉传佛教典籍。这些经论义理深奥隐晦，加以书写的语言文字为千年以前的古汉文，增加现代人阅读的困难，只能望着汗牛充栋的三藏十二部扼腕慨叹，裹足不前。

如何让大众轻松深入佛法大海，直探佛陀本怀？佛光山开山宗长星云大师乃发起编纂《中国佛教经典宝藏》。一九九一年，先在大陆广州召开"白话佛经编纂会议"，订定一百本的经论种类、编写体例、字数等事项，礼聘中国社科院的王志远教授、南京大学的赖永海教授分别为中国大陆北方与南方的总联络人，邀请大陆各大学的佛教学者撰文，后来增加台湾部分的三十二本，是为一百三十二册的《中国佛教经典宝藏精选白话版》，于一九九七年，作为佛光山开山三十周年的献礼，隆重出版。

六七年间我个人参与最初的筹划，多次奔波往来于大陆与台湾，小心谨慎带回作者原稿，印刷出版、营销推广。看到它成为佛教徒家中的传家宝藏，有心了解佛学的莘莘学子的入门指南书，为星云大师监修此部宝藏的愿心深感赞叹，既上契佛陀"佛法不舍一众"的慈悲本怀，更下启人间佛教"普世益人"的平等精神。尤其可喜者，欣闻现大陆出版方东方出版社潘少平总裁、彭明哲副总编亲自担纲筹划，组织资深编辑精校精勘；更有旅美企业家鲁彼德先生事业有成之际，秉"十方来，十方去，共成十方事"之襟怀，促成简体字版《中国佛学经典宝藏》的刊行。今付梓在即，是为序，以表随喜祝贺之忱！

二〇一六年元月

目 录

题　解　001

经　典　023

 1　千佛篇第五　025
  种姓部第三　025
  成道部第十二　041

 2　潜遁篇第二十三　070
  引证部第二　070

 3　纳谏篇第四十二　085
  引证部第二　085

 4　忠孝篇第四十九　090
  睒子部第四　090
  业因部第五　103
  感应缘　108

 5　报恩篇第五十一　123

　　　　引证部第二　123
　　6　愚戆篇第五十九　139
　　　　杂痴部第三　139
　　7　诈伪篇第六十　159
　　　　诈畜部第六　159

源　流　187

解　说　195

参考书目　203

题解

作者和书名

《法苑珠林》是唐初僧人道世编撰的一部佛教的大型类书。道世本姓韩，字玄恽，因为名中的"世"字要避唐太宗李世民的名讳，在唐代通常便以字行。道世的祖上，本是伊阙（唐时治所，在今河南伊川西南）人氏，后来因为做官，定居在京兆（即长安，今陕西西安），便成为京兆人。道世最早在长安的青龙寺出家，出家时只有十二岁。唐贞观末，高僧玄奘从印度归来，在长安翻译佛经，朝廷从全国挑选了一些当时的高僧大德，先后协助玄奘，参与译场的工作，道世也是其中之一，时间是在唐高宗显庆年间（公元六五六—六六〇年）。后来，长安的西明寺建成，道世"爰以英博，召入斯寺",与著名的律宗大师道宣法师一起,敷宣佛教,尤其是佛教的戒律。《僧传》中讲,他们二人"同驱五部之车,共导三乘之轨,人莫我及,道望芬然"。可见他和道宣在当时的声望。

道世编撰《法苑珠林》,发心是在高宗显庆四年(公元六五九年),但正式着手,大概是在移入西明寺以后,当时"道宣律师当涂行律,世且旁敷","复因讲贯之余,仍览甚深之藏,以为古今绵代,制作多人,虽雅趣佳辞,无足于传记。由是搴文囿之菁华,嗅大义之瞻卜,以类编录,号《法苑珠林》"。总章元年(公元六六八年),全书完成,共一百卷,一百余万字,分装十帙。道世以前后十年之功,编成此书,说得上是完成了一项颇不容易的大工程。

《法苑珠林》一书书名中的"法"字,当然是指佛法。"法苑"二字,则把佛法比喻为一座广大无垠的苑囿。再加上"珠林"一词,取作书名,意思是比喻这部书在佛法的苑囿里,就像是一座枝繁叶茂,缀满珠玉的树林。道世为自己的书,取了这样一个美妙的书名,真可说是别具匠心。当然,道世这样做,也是因为受到了在他之前,南朝和隋代编成的一些佛教类书在题名和体例方面的做法的影响。

道世一生,除了《法苑珠林》一书,还编有或著有另外十部著作。它们是：

《诸经要集》二十卷，又称《善恶业报论》；

《大小乘禅门观》十卷；

《受戒仪式》四卷；

《礼佛仪式》二卷；

《大乘略止观》一卷；

《辩伪显真论》一卷；

《敬福论》三卷；

《四分律讨要》六卷；

《四分律尼钞》五卷；

《金刚般若集注》三卷。

所有著作，加在一起，共有十一部一百五十四卷，道世也可以说是著作颇丰了。从道世这些著作的名称看，再加上他和道宣一起在西明寺弘法这件事，可以肯定地说，和道宣一样，道世也是一位四分律宗的高僧。只是道世的生卒年代，《僧传》中并没有明确的记载。我们今天只能知道，他与玄奘、道宣同时，应该是生于隋代，而活动于唐太宗、高宗时期。《僧传》最后讲他"不测其终"，估计他去世大约还是在唐高宗时代的后期。

道世的传记，收在《宋高僧传》卷四。

内容

道世为了编纂《法苑珠林》这一部大型的佛教类书,从浩瀚的大藏经典,同时也从各种世俗的典籍中,选取了大量的资料,分门别类进行编排,在结构和安排上颇费了一番心思。《法苑珠林》全书卷帙一百卷,亦总分为一百篇。以篇立题,每篇篇幅短的不到一卷,或者刚好一卷,长的则有数卷。这一百篇的篇题是:

一、劫量篇(卷一),二、三界篇(卷二至三),三、日月篇(卷四),四、六道篇(卷五至七),五、千佛篇(卷八至十二),六、敬佛篇(卷十三至十六),七、敬法篇(卷十七至十八),八、敬僧篇(卷十九),九、致敬篇(卷二十),十、福田篇(卷二十一),十一、归信篇(卷二十一),十二、士女篇(卷二十一),十三、入道篇(卷二十二),十四、惭愧篇(卷二十三),十五、奖导篇(卷二十三),十六、说听篇(卷二十三至二十四),十七、见解篇(卷二十五),十八、宿命篇(卷二十六),十九、至诚篇(卷二十七),二十、神异篇(卷二十八),二十一、感通篇(卷二十九),二十二、住持篇(卷三十),二十三、潜遁篇(卷三十一),二十四、妖怪篇

（卷三十一），二十五、变化篇（卷三十二），二十六、眠梦篇（卷三十二），二十七、兴福篇（卷三十三），二十八、摄念篇（卷三十四），二十九、发愿篇（卷三十四），三十、法服篇（卷三十五），三十一、然（燃）灯篇（卷三十五），三十二、悬幡篇（卷三十六），三十三、华香篇（卷三十六），三十四、呗赞篇（卷三十六），三十五、敬塔篇（卷三十七至三十八），三十六、伽蓝篇（卷三十九），三十七、舍利篇（卷四十），三十八、供养篇（卷四十一），三十九、受请篇（卷四十一至四十二），四十、轮王篇（卷四十三），四十一、君臣篇（卷四十四），四十二、纳谏篇（卷四十五），四十三、审察篇（卷四十五），四十四、思慎篇（卷四十六），四十五、俭约篇（卷四十六），四十六、惩过篇（卷四十七），四十七、和顺篇（卷四十七），四十八、诫勖篇（卷四十八），四十九、忠孝篇（卷四十九），五十、不孝篇（卷四十九），五十一、报恩篇（卷五十），五十二、背恩篇（卷五十），五十三、善友篇（卷五十一），五十四、恶友篇（卷五十一），五十五、择交篇（卷五十一），五十六、眷属篇（卷五十二），五十七、校量篇（卷五十二），五十八、机辩篇（卷五十三），五十九、愚戆篇（卷五十三），六十、诈伪篇（卷五十四），六十一、惰慢篇（卷五十四），六十二、破邪篇（卷五十五），六十三、富贵篇（卷五十六），六十四、贫贱篇（卷五十六），六十五、债负篇（卷五十七），六十六、诤讼篇（卷五十七），六十七、谋谤篇（卷五十八至五十九），六十八、咒术篇（卷六十至六十一），六十九、祭祠篇（卷六十二），七十、占相篇（卷六十二），七十一、祈雨篇（卷六十三），七十二、园果篇（卷六十三），七十三、渔猎篇（卷六十四），七十四、慈悲篇（卷六十四），七十五、放生篇（卷六十五），七十六、救厄篇（卷六十五），七十七、怨苦篇（卷六十六至六十七），七十八、业因篇（卷六十八），七十九、受报篇（卷六十九至七十），八十、罪福篇（卷七十一），八十一、欲盖篇（卷七十一），八十二、四生篇（卷七十二），八十三、十使篇（卷七十二），八十四、十恶篇（卷七十三至七十九），八十五、六度篇（卷八十至八十五），八十六、忏悔篇（卷八十六），八十七、受戒篇（卷八十七至八十九），八十八、破戒篇（卷九十），八十九、受斋篇（卷九十一），九十、破斋篇（卷九十一），九十一、赏罚篇（卷九十一），九十二、利害篇（卷九十二），九十三、酒肉篇（卷九十三至九十四），九十四、秽浊篇（卷九十四），九十五、病苦篇（卷九十五），九十六、舍身篇（卷九十六），九十七、送终篇（卷九十七），九十八、法灭篇（卷九十八），九十九、杂要篇（卷九十九），一〇〇、传记篇（卷一〇〇）。

在组织结构上，《法苑珠林》每篇在篇的总题下又分为数量不等的部，每部根据内容有自己的标题。有的篇中，部下还再分部。前者可以说是"大部"，后者可说是"小部"。例如卷一第一篇为《劫量篇》，下分为"初明小三灾"和"第二大三灾"两部分，而"小三灾"下又分为"述意部""疫病部""刀兵部""饥馑部""相生部""对除部"共六部，"大三灾"下则分为"时量部""时节部""坏劫部""成劫部"等四部。同样的情形还有《三界》《六道》《千佛》《敬佛》《士女》《欲盖》《十恶》《六度》《受戒》九篇。在每篇或某些"大部"的起首位置上，常常是一篇称作"述意部"的文字，由道世自己撰写。顾名思义，"述意"就是对此篇或此"大部"的内容和意义作一整体性的概述。"述意部"以后的各部，就几乎完全是根据标示的题目所抄录的各种佛经或其他典籍。《法苑珠林》全书一百篇，分列的标题，统计共有六百六十八目。

在大多数篇的篇末,也包括部分"大部"的末尾,道世还安排有"感应缘"一部分,再广泛征引相应的感应故事以为验证。这些故事则大多来自中国,其中的人物又大多是历史上的真人,传说的故事也往往有一定的真实性。

下面根据《法苑珠林》原书的篇目次序,对每篇的内容再略作具体一些的介绍。

《劫量篇》第一:"劫"是印度的一种时间概念。一劫的时间有多长,已经无法用一般的年月日计算,"其年无数"。劫分为"小劫"和"大劫"。八十小劫为一大劫。一大劫又分为成、住、坏、空四个阶段,每个阶段各包含二十个小劫。其中住劫要经过疾疫、刀兵、饥馑三种灾难,称作"小三灾"。坏劫要经过火、水、风三种灾难,称作"大三灾"。第一篇首先讲的是佛教的时间观念。

《三界篇》第二:讲完时间,接着讲佛教的空间观念。佛教认为,世界由三界组成,三界分别是欲界、色界和无色界。欲界中食、淫二欲特盛,为一般人所居。色界在欲界之上,已离食、淫二欲。无色界更在色界之上,为无形色众生所居。天下有"四大部洲",环绕皆海。中心有山,为须弥山。

《日月篇》第三:讲说日月星辰的运行,雷电云雨的发生。

《六道篇》第四：讲三界众生在天、人、阿修罗、饿鬼、畜生、地狱六种处境中的轮回。

《千佛篇》第五：讲释迦牟尼佛以前的诸佛，释迦牟尼成佛的始末，以及释迦牟尼佛涅槃后弟子们结集"三藏"等历史。本篇篇幅特别长，从卷八到十二，共五卷。

《敬佛篇》第六：讲念诵阿弥陀佛名号能往生西方极乐净土，信仰弥勒佛，以及普贤菩萨、观世音菩萨等。本篇也有近五卷的篇幅。

《敬法篇》第七：讲听法、求法可得功德，而诽谤佛法将造罪孽。

《敬僧篇》第八：讲礼敬僧人的功德。

《致敬篇》第九：讲礼拜十方诸佛的仪式和功德。

《福田篇》第十：讲施福于人，如种植福田。

《归信篇》第十一：讲归信佛法的重要。

《士女篇》第十二：讲劝诫俗男俗女。

《入道篇》第十三：讲出家学道的事。

《惭愧篇》第十四：明白惭愧的道理，便不会造作恶业。

《奖导篇》第十五：讲"居家如牢狱，妻子如枷锁，财物如重担，亲戚如怨家"。应生敬信，劝人"勇猛修习"。

《说听篇》第十六：佛教讲经说法的仪式和利益。

《见解篇》第十七：讲释迦牟尼佛的弟子们各有什么专长。

《宿命篇》第十八：讲宿命宿智。

《至诚篇》第十九：精诚求道，必获果报。

《神异篇》第二十：讲说与佛教有关的种种神异奇迹。

《感通篇》第二十一：讲叙唐初玄奘法师、王玄策在印度和去印度途中见到的种种佛教圣迹。

《住持篇》第二十二：讲护持佛教的人应该具备哪些德行。

《潜遁篇》第二十三：讲隐遁高行之事。

《妖怪篇》第二十四：讲妖魔鬼怪之事。

《变化篇》第二十五：讲"神变"之事。

《眠梦篇》第二十六："睡梦之途，因心而动。动由内识，境由外熏。"梦有善梦、不善梦、无记梦（非善也非恶）三种区分。

《兴福篇》第二十七：讲造寺塔、图画佛像、供养僧人、种树、施药救病、造渡船、安设桥梁、挖井等事都可兴福。

《摄念篇》第二十八：讲摄制意念，不使动乱，才可以使身、口、意三业不与恶交。

《发愿篇》第二十九：若要修行，必先发誓立愿。

《法服篇》第三十：讲僧人的服装，为什么要穿袈裟等。

《然灯篇》第三十一：佛像前为什么要燃灯，怎样燃灯供养。

《悬幡篇》第三十二：讲寺塔处应悬挂旗幡。

《华香篇》第三十三：佛像前应该供养鲜花及燃香。

《呗赞篇》第三十四：呗赞就是歌咏。"西方之有呗，犹东国之有赞。"讲歌咏赞佛。

《敬塔篇》第三十五：讲佛塔的由来，建塔的规制和怎样绕塔致敬，以及故塔的修治和管理。

《伽蓝篇》第三十六："伽蓝"即佛寺。讲营造佛寺的由来，以及在家人入寺礼拜的规矩。

《舍利篇》第三十七："舍利"是梵语的音译，意译"身骨"。释迦牟尼入灭后，遗体火化，火化后的遗骨即称"舍利"或"佛舍利"。菩萨或罗汉火化后的遗骨，也可称作舍利，但与佛舍利不同。本篇讲释迦牟尼涅槃火化后，八国起塔供养舍利的故事。有一部分还讲到"佛影"。

《供养篇》第三十八：讲供养佛、菩萨、僧人、父母、师长等等。

《受请篇》第三十九：施主设食请僧，僧人受请的种种规矩。

《轮王篇》第四十："轮王"即"转轮王"的简称。古代印度把能够以勇武统一天下，同时以仁慈教化臣民的圣王称作"转轮王"。本篇讲到转轮王有七宝，特别讲到传说中的顶生王和历史上的阿育王。

《君臣篇》第四十一：讲国王应具备的品德，可能有的过失，应该护持佛法，以及王国的首都等。

《纳谏篇》第四十二：国王应该接纳正确的意见。

《审察篇》第四十三：讲人应该仔细审察是非，分为"审怒""审过""审学"几部分。

《思慎篇》第四十四：思慎防过，才能无患。缄口息虑，才能离恶。

《俭约篇》第四十五：讲节约俭省。

《惩过篇》第四十六："一言可以兴邦，一言可以丧国。"要防止身犯恶行，口发恶言。

《和顺篇》第四十七：讲性情柔和，贤愚亲附，"阴阳调，天地合也。刚柔均，人之和也"。

《诫勖篇》第四十八："大圣垂训，法喻所归，止在诫约。"讲说"诸恶莫作，诸善奉行"的各条教戒。

《忠孝篇》第四十九：讲"孝诚忠敬"，引证须阇提太子和睒子故事，说明为人必须忠孝的道理。

《不孝篇》第五十：立忠立孝，扬名于后代；行逆行乖，受苦于来世。讲不孝之人必堕地狱。

《报恩篇》第五十一：讲报母恩、父恩、如来恩、说法师恩。

《背恩篇》第五十二：与《报恩篇》相对，讲背信弃义的可耻。

《善友篇》第五十三：讲结交善友的好处。

《恶友篇》第五十四：讲结交恶友的害处。

《择交篇》第五十五：讲必须择人而交，"善知识者，不得暂离；恶知识者，不得暂近"。

《眷属篇》第五十六：讲眷属恩爱之情的空幻。

《校量篇》第五十七："校量"的意思是比较，比较各种德行的隐显浅深，以知道其优劣高下。

《机辩篇》第五十八：讲马鸣、龙树、舍利弗、阿难等运用机巧，与外道辩论，战胜外道的故事。

《愚戆篇》第五十九：讲述各种愚痴故事。很多故事出自《百喻经》。

《诈伪篇》第六十：讲述各种欺诈故事，有"诈亲""诈毒""诈贵""诈怖""诈畜"几个部分。从反面为人提供教训。

《惰慢篇》第六十一：心神昏惑、懒惰怠慢，贪恋声色，都会妨碍得道。

《破邪篇》第六十二：破除外道，杜斥异见。前引佛经中印度佛教与外道斗争的故事，然后结合中国实际现况，攻击道教。

《富贵篇》第六十三：讲今世的富贵是由于往昔行善，尤其是多行施舍之故。

《贫贱篇》第六十四：与前相对，讲今世的贫贱是由于往昔作恶，尤其是悭贪不肯施舍之故。

《债负篇》第六十五：因果报应，如同负债还债，"或有现负现报，或有现负次报，或有现负后报"。

《诤讼篇》第六十六："心为毒主，口为祸器。"争讼之起，由于恶言。平息争讼的最好方法是"忍"。

《谋谤篇》第六十七：讲诅咒或诽谤他人之不可。"唇口是弓，心虑如弦，音声如箭"，特别要注意"缄口慎心"。尤其不可毁谤佛陀。

《咒术篇》第六十八：讲"神咒"的作用、念诵的方法，大分为"忏悔""弥陀""弥勒""观音""灭罪""杂咒"几种部类。

《祭祠篇》第六十九：讲以花果百味供奉佛僧和祭祀鬼神等事。

《占相篇》第七十："六道各有其相。"讲述地狱、畜生、饿鬼、修罗、人、天的相状。

《祈雨篇》第七十一：讲请求天龙降雨之事。

《园果篇》第七十二：讲佛经中有关园果之事，何种树木不可随意砍伐，以及种子等等。

《渔猎篇》第七十三："菩萨之怀，愍济为用。"讲渔猎好杀之事不可为。

《慈悲篇》第七十四：讲"菩萨兴行，救济为先，诸佛出世，大悲为本"。

《放生篇》第七十五：讲说放生的道理和故事。

《救厄篇》第七十六：讲舍身救难的故事。

《怨苦篇》第七十七：讲众生所受的种种痛苦。除"述意部"外，分为"伤悼""五阴""八苦""杂难""虫寓""地狱"几部分。

《业因篇》第七十八：讲行善为善业，行不善为不善业。善有十善，恶有十恶。

《受报篇》第七十九：讲众生的善恶报应分为"现报""生报""后报""不定报"数种。

《罪福篇》第八十：讲造罪为罪行，修福为福行。

《欲盖篇》第八十一：色、声、香、味、触为"五欲"，贪欲、嗔恚、睡眠、掉举、疑为"五盖"。五欲和五盖都妨碍修行。

《四生篇》第八十二：讲众生大分为四类：胎生、卵生、湿生、化生。

《十使篇》第八十三："十使"指十种品质，追附于人，如"公使随逐罪人"，所以称为"使"。它们是：身见、边见、邪见、戒取、见取、贪、嗔、痴、慢、疑，都是众生觉悟的障碍。

《十恶篇》第八十四：讲杀生、偷盗、邪淫、妄语、恶口、两舌、绮语、悭贪、嗔恚、邪见是十种恶行。本篇篇幅最长，有七卷，引故事也多。

《六度篇》第八十五：大乘佛教主张布施、持戒、忍辱、精进、禅定、智慧六种修行方法为"六度"，照此修行，可越渡生死苦海。

《忏悔篇》第八十六：讲忏悔洗罪的意义和仪式等。

《受戒篇》第八十七：讲佛弟子受戒的种种规则，如三归、五戒、八戒等。

《破戒篇》第八十八：讲犯戒破戒的后果。

《受斋篇》第八十九：讲僧人持斋和受斋的规矩。

《破斋篇》第九十：佛教规定，受斋必须在中午前。午后受食，称为"非时食""破斋"，是造罪的行为。

《赏罚篇》第九十一：讲赏善罚恶，勿得枉滥。

《利害篇》第九十二：讲利养是大灾害，不可贪图，虚名也不可追求。

《酒肉篇》第九十三：讲饮酒是放逸，食肉"断大慈种，障不见佛"。

《秽浊篇》第九十四：讲佛教规定，佛弟子不得食

《中国佛教经典宝藏》目录

手机淘宝 扫一扫

本套佛教经典宝藏系统收录了入门至进阶的佛法要义。

深入经藏，智慧如海。

咨询电话：北京 010-8592 4661

编号	书名	编号	书名	编号	书名
1	中阿含经	45	维摩诘经	89	杂句经
2	长阿含经	46	坛经	90	本生经的起源及其开展
3	增一阿含经	47	佛遗教经	91	入出经
4	杂阿含经	48	仁王护国经	92	大乘本生心地观经
5	中国佛教经	49	观普贤菩萨行法经	93	南海寄归内法传
6	般若心经	50	往生论	94	大唐西域求法高僧传
7	解深密经	51	宗本经	95	入唐求法巡礼记
8	大集经	52	金刚经	96	比丘尼传
9	十二门论	53	大乘起信论	97	弘明集
10	中论	54	梵网经	98	出三藏记集
11	百论	55	般舟三昧经	99	寺塔记法显传
12	菩萨	56	清净道论	100	佛国记
13	摄大乘论	57	法华经	101	释尊传
14	菩萨戒本	58	圆觉经	102	唐代佛传
15	金刚般若	59	五灯会元	103	密勒日巴
16	阿含经	60	千手千眼经	104	菩提道次第论
17	宝积净土瑜伽经	61	中本起经	105	广弘明集
18	六祖坛经	62	华严一乘	106	佛教传记
19	大乘百法明门论	63	金光明经	107	禅源诸诠集都序
20	五苦章句经	64	大方广华严经	108	中国佛教名山祖庭传奇
21	义海经	65	观弥勒经	109	敕修百丈清规
22	我告经	66	如意经	110	略教咖罗灵记
23	法界论	67	宝藏经	111	禅林新脉东渐事略
24	目连经	68	十念经	112	佛教文学对中国小说的影响
25	观音	69	大乘起信论	113	佛藏教三经
26	禅宗无门关	70	正法念经	114	大藏号藏经
27	禅修传灯录	71	明诸般经	115	阿藏本般若经分二种
28	胜鬘经	72	佛说经	116	敦煌学系经
29	净圆经	73	瑜伽师地论	117	迦叶北口经
30	楞伽宗初	74	楞严经	118	大般涅槃经
31	中国佛教大德	75	唯识与般若其略本	119	大集经义
32	阳门佛教寺院图	76	唯识三祖诠	120	中国人生哲学
33	佛法界与尊德贵	77	大日经	121	弘一集
34	佛教志	78	楞严经	122	名僧林
35	未来轮响佛光	79	华严华经	123	经律异相
36	中国佛教特质在禅	80	大佛顶首楞严经	124	禅服随笔
37	菩提道相品	81	楞严经	125	安阳难信之法
38	法相与唯识	82	大藏经	126	弥陀净土严华经
39	禅净圆毫法深深入门	83	佛说观经	127	《大乘经义》经释
40	俱舍三法义经	84	阿含经	128	《沙弥经注》沙弥经
41	唯十三经	85	集迦罗陀经	129	佛藏经说
42	佛说弥勒上生下生经	86	无量寿经	130	佛教的成佛说
43	实经志	87	六度集经	131	佛教的各种观说
44	万善同归集	88	百喻经	132	佛法与社会方文化

看么大师如何说阅读

"中国佛教徒"的践行者

专家推荐

星云大师常说，佛学书籍是每一个想要深入接触佛教的人，及有书籍进到了自己的信仰。

——佐藤达玄
佛教学者，东京博士，印度佛教研究专家

书名之所以称作《中国佛教经典宝藏》，是因为他为集大成者，其书籍涵盖行注解，并把握其重点，对大一般人之所接受，皆为经过精选、精排来选出的精粹，非常有用。

——赖永海
南京大学教授，南京大学中华文化研究中心主任

《中国佛教经典宝藏》精选了诸多题目，包括哲学佛法的精髓，长达多年来流传不少佛。

——王志远
中国社会科学院世界宗教研究所研究员、教授

《中国佛教经典宝藏》

为了确立普世传承文化宝藏的理念，大师长年以返国佛教界中文原典巨著，艰辛不易，经过审核，终编辑成《白话精华大藏经》。

《中国佛教经典宝藏》白话版全系列132册，由星云大师总策划、主编，百余位海内外专家学者呕心沥血，集其精华。

数十年来，小乘、大乘、显、密等诸经典融汇贯通，白话本，编成《大藏经》中之名经典著作，依据原书文，加以精选编辑，共以校审意味，从古至今每种经典都经过全文、导读、解题、注释、源流、解说等六大项目之繁琐，每种经典都精心收录了下来，以便于现代人的研读，影响佛教历史文化和地理、其代表性等等，而文白对照，人间有时代性的两种代表作。

传统大藏经 VS 中国佛教经典宝藏

第一回合		
繁琐浩瀚	VS	精华荟萃
经文浩繁多达上万卷，一般人阅读起来力不从心，搜寻起来，有大大麻烦。		

第二回合		
古文难读	VS	白话精选
古文深奥难懂，难以读完读透，阅读起来令人捉襟见肘。		

第三回合		
经文深奥	VS	难易适中
深奥文义令人，文字晦涩难懂。		大师带领百位专家精校，精选十大力，一般无碍。

用葱、韭、蒜、薤等荤辛之物，以及不得放恣打喷嚏，不得随地大小便等等。

《病苦篇》第九十五：讲疾病的起因，如何照料、医治病人。

《舍身篇》第九十六：讲舍身济物，其中主要抄引了摩诃萨埵那太子舍身饲虎的故事。

《送终篇》第九十七：生不能免死，本篇讲人死后应如何安葬。

《法灭篇》第九十八：讲佛法将灭时的种种情形。

《杂要篇》第九十九：讲依法不依人，依义不依语，依智不依识，依了义经不依不了义经的"四依法"，以及"四果""四食""鸣钟""入众"等事。

《传记篇》第一百：最末讲后汉至唐初译经人数和译出佛经的数量，中国的佛教撰述，特别将《大般若经》单独列出。又讲到中国历代皇帝崇佛、建寺、僧尼数目，以及有关佛诞生和佛涅槃时间的讨论。

以上是对《法苑珠林》全书内容的简介。

版本流传和节选的情况

在历代的佛教经录中，最早著录《法苑珠林》一书的，是道宣法师所编的《大唐内典录》。前面讲了，道宣与道世同时，又同住长安西明寺，道宣最了解道世的工作，他编经录，记载《法苑珠林》，是很自然的事。不过，比道世略晚的智昇，在开元十八年（公元七三〇年）编成的《开元释教录》中，却没有提到《法苑珠林》。更晚一些成书的慧琳的《一切经音义》以及后晋可洪的《新集藏经音义随函录》，也没把《法苑珠林》包括在内。近代学者陈援庵（垣）先生根据这两点，又依据南宋绍兴初年周敦义为《翻译名义集》撰写的"序"中所讲，"今大藏诸经，犹以昇法师《开元释教录》为准，后人但增《宗鉴录》《法苑珠林》"，认为《法苑珠林》一书，被收入《大藏经》，是自宋代开始。这一看法，看来是对的。

但这里有一点也需要稍加注意，依照《大唐内典录》书前道宣自己的"序"，《大唐内典录》编成于麟德元年（公元六六四年），而依照《法苑珠林》书前李俨撰写的"序"，《法苑珠林》编成于总章元年（公元六六八年），《法苑珠林》成书时间与《大唐内典录》相近而稍晚。但两书实际上是互相引证，《大唐内典录》卷五、卷十提到《法苑珠林》，《法苑珠林》卷一百也提到《大唐内典录》。至于道宣更早撰成的书，如《续高僧传》，《法苑珠林》引用得更多，也就是书中所称的《唐高僧传》。这就说明，《大唐内典录》和《法苑珠林》

两书的编撰工作，实际上是同时进行的。

《法苑珠林》的卷帙，如上所说，是一百卷。明代以前刊刻的各种藏经，都是如此。只有明万历十九年（公元一五九一年）的《嘉兴藏》刻本，将全书重新分割，改为一百二十卷。《嘉兴藏》的改动，被陈援庵先生称为"最无理之举"。清代编《四库全书》，收录的即此一百二十卷本。近代商务印书馆编《四部丛刊》，也使用的是一百二十卷本。明代人变一百卷本为一百二十卷本，在书本身的编次上造成了一些混乱。不过，现今为人们常使用的《频伽藏》本和《大正藏》本，都还是一百卷本，卷帙上基本保持了道世原书的面貌。我们这里节选时所用的底本，当然也选择的是一百卷本，即目前最易入手的《大正藏》本。

道世的《法苑珠林》，篇幅巨大，根据《中国佛教经典宝藏》编辑的总体例，我们只能从原书中选出一些可读性较强的篇章，文字上加以校正、标点和分段，并配上今译，介绍给读者。不过，"鼎尝一脔"，从选出的这些篇章，也约略可以窥见《法苑珠林》一书的面貌了。

经典

1　千佛篇第五

种姓部第三

种姓部第三

原典

如《十二游经》云：阿僧祇时①，有菩萨为国王。父母早丧，让国与弟，舍位求道。遥见一婆罗门②，姓曰瞿昙，因从学道。婆罗门言："当解王衣，如吾所服，受瞿昙姓。"于是菩萨受瞿昙姓，入于深山，食果饮水，坐禅念道。菩萨乞食，遂还国界，举国吏民无能识者，谓为"小瞿昙"。菩萨于城外甘蔗园中以为精舍，《佛所行赞经》云：甘蔗之苗裔，释无胜净王才德纯备，故曰净饭王。案：净饭远祖乃是瞿昙之后身，以其前世居甘蔗园，故经瞩甘蔗之苗裔也。于中独坐。

时有五百大贼，劫取宫物，路由菩萨庐边。明日，捕贼踪迹，在菩萨舍下，因收菩萨。前后劫盗法，以木贯身，立为尖标，血流于地。是大瞿昙，以天眼③见之。

便以神足[4]，飞来问曰："子有何罪，酷乃尔乎？卿无子孙，当何系嗣？"菩萨答言："命在须臾，何陈子孙！"王使左右弩弓射杀之。瞿昙悲哀涕泣，下棺敛之。取土中余血，以泥团之，着二器中，还其精舍。左血着左器中，其右亦然。大瞿昙言："是道人若其志诚，天神当使血化为人。"却后十月，左即成男，右即成女。于是便姓瞿昙氏，一名舍夷。<small>舍夷者，是西方贵姓之号也。</small>血化为人，乃是宿世之事。恐文繁故，不可具说所以也。

又《菩萨本行经》云：甘蔗王次前有王，名大茅草。即以王位付诸大臣。大众围绕，送王出城。剃除须发，服出家衣。王出家已，持戒清净，专心勇猛，成就四禅[5]，具足五通[6]，得成王仙。寿命极长，至年衰老，肉消背曲，虽复拄杖，不能远行。时彼王仙，有诸弟子，弟子欲往东西，求觅饮食，取好软草，安置笼里，用盛王仙，悬树枝上。何以故？畏诸虫兽，来触王仙。时诸弟子，乞食去后，有一猎师，游行山野，遥见王仙，谓是白鸟，遂即射之。时彼王仙，既被射已，有两滴血，出堕于地，即便命终。彼诸弟子，乞食来还，见彼王仙，被射命终，复见有血两滴在地，即下彼笼，将王置地。集聚柴木，焚烧王尸，收骨为塔。复将种种杂妙香华，供养彼塔。尊重赞叹，承事毕了。

尔时，彼地有两滴血，即便生出二甘蔗牙，渐渐高大。至时甘蔗熟,日炙开剖。其一茎蔗出一童子,更一茎蔗出一童女。端正可喜,世无有双。时诸弟子心念:王仙在世之时,不生儿子,今此两童是王仙种。养护看视,报诸臣知。时,诸大臣召唤解相大婆罗门,教令占相,并遣作名。彼相师言:"此童子者,既是日炙熟甘蔗开而出生,故一名善生。又其从甘蔗出,故第二复名甘蔗生。又以日炙甘蔗出,故亦名日种。彼女因缘,一种无异,故名善贤,复名水波。"时,彼诸臣取甘蔗种所生童子,小年时即灌其顶,立以为王。其贤善女,至年长大,堪能伏事,即拜为王第一之妃。

注释

①**阿僧祇时**:阿僧祇,梵语词的音译,意思是不可计数。阿僧祇时,义即无限久远之前。

②**婆罗门**:印度古代,人分为四种姓:婆罗门、刹帝利、吠舍、首陀罗。婆罗门掌管宗教、祭祀和典籍文化,在地位上被认为是最高。刹帝利即武士,地位稍低于婆罗门,国王多数出身于刹帝利种姓。吠舍经商或种地,地位中等。首陀罗则做奴隶,或从事一些最下贱的劳动,地位最低。

③**天眼**:即天眼通。一种神通,具备天眼,就可以无所不见,无远不见。

④**神足**：即神足通。谓不论何处皆能来去自如。

⑤**四禅**：佛经中讲，坐禅修行，进入禅定以后，可以依次达到的四种境界。

⑥**具足五通**：获得五种神通，即：神足通、天眼通、天耳通、他心通、宿命通。

译文

如《十二游经》所说：许久许久以前，有菩萨做国王。菩萨父母早去世了，他把国家让给弟弟，放弃王位，外出求道。他远远看见一位名叫瞿昙的婆罗门，于是跟从这位婆罗门学道。婆罗门说："你应当脱掉国王的衣服，穿上我这样的衣服，改姓瞿昙。"于是菩萨改姓瞿昙，来到深山，吃野果，饮泉水，坐禅念道。因为乞食，菩萨又回到原来的国家，国内的百姓官吏没一人能认识他，称他为"小瞿昙"。菩萨就把城外的甘蔗园作为自己的精舍（《佛所行赞经》说：甘蔗族的后代释无胜净王才德纯备，因此称为净饭王。今按：净饭王的远祖是瞿昙的后代，因为前世住在甘蔗园，所以经中讲是甘蔗的后代），独自住在其中。

一次，有五百大强盗，抢劫了王宫的宝物，从菩萨所住的草庐旁经过。第二天，捉拿强盗的官兵循着踪迹，来到菩萨的房前，于是逮捕了菩萨。官兵依照那时处罚强盗的法律，用尖木刺穿菩萨的身体，竖立示众，鲜血流洒在地上。那位大瞿昙运用天眼，看见这事，便使用神力，飞到菩萨面前，问道："你犯了什么罪，人家对你这样残酷？你没有子孙，应当立谁做你的后代？"菩萨回答："我的生命立刻就要完结，说什么子孙！"国王命令手下的人用弩弓将菩萨射杀。瞿昙伤心大哭，用棺材将菩萨收殓埋葬。又把土中的余血，用泥和成团，放在两个器皿中，回到精舍。左边的血放左边的器中，右边的血放右边的器中。大瞿昙说："这位道人若是志诚，天神当使血化为人。"过了十个月，放在左边的一团变成一个男孩，右边的一团变成一个女孩。于是就以瞿昙为姓，又有一个名字叫舍夷（舍夷在西方是尊贵的姓）。血化为人，是过去世的事情。我怕原文太长，因此没有具体地细说。

又《菩萨本行经》讲：甘蔗王之前的国王，名叫大茅草。大茅草王将王位委托给大臣们。大家围绕着国王，把国王送出城。剃掉头发，穿上出家人的衣服。国王出了家，持戒清净，专心勇猛，修成四禅，具足五种神通，成为王仙。王仙寿命极长，到年长衰老之时，肉消背曲，虽然挂上拐杖，也无法远行。那时王仙有一群弟子，弟子们要外出觅食，便取来又好又柔软的草叶，放在一个笼子里，把王仙装在里面，把笼子挂在树枝上。为什么要这样呢？因为害怕会有野兽来侵扰王仙。弟子们于是去乞食，弟子们走后，有一位猎人，游行山野，远远地看见王仙，以为是只白鸟，便放箭射去。王仙被箭射中，流出两滴血，滴落在地上，然后便死去了。弟子们乞食回来，见王仙已经被射死，又见地上有两滴血，便放下笼子，将王仙放在地上。又堆上木柴，焚烧王仙的尸体，收骨建塔。又将种种杂妙香花，供养在塔前。大家恭敬赞叹，办理完了丧事。

那时，从地上的那两滴血上，长出来两株甘蔗苗，越长越高大。到甘蔗长熟之时，太阳晒烤，甘蔗裂开。其中一株出来一位男孩，另一株出来一位女孩。两个孩子长得端正可爱，举世无双。众弟子心想：王仙在世之时，不生儿子，现在的这两个孩子就是王仙的后代。便将孩子好好看护，又报告给大臣们。当时，大臣们召来一位会看相的大婆罗门，让他为孩子看相和取名。看相婆罗门说："这位男孩既然是从太阳晒裂的甘蔗中生出来的，那么一个名字就叫善生。又因为出自甘蔗，第二个名字就叫甘蔗生。又因为是太阳晒烤甘蔗，也可叫作日种。这个女孩同样的来历，因此取名为善贤，同时又取名为水波。"当时，大臣们为甘蔗种所生的男孩，小小年纪便举行了灌顶的仪式，立以为王。等到善贤女长大成人，颇为懂事，便拜为国王的第一王妃。

求婚部第四

原典

如《菩萨本行经》云：时迦毗罗城①不远，复有一城，名曰天臂。彼天臂城，有一释种豪贵长者，名为善觉。大富多财，积诸珍宝，资产丰饶，具足威德。称意自然，无所乏少。舍宅犹如毗沙门王②宫殿无异。彼释长者，生于八女：一名为意，二名无比意，三名大意，四名无边意，五名发意，六名黑牛，七名瘦牛，八名摩诃波阇波提。_{隋言大慧，亦云梵天。}而此梵天，于诸女中年最幼小。初生之日，为诸能相婆罗门师，观占其体云："此女嫁若生儿者，必当得作转轮圣王③，王四天下，七宝自然，千子具足，乃至不用鞭杖治民。"

时善觉女，年渐长成，堪欲行嫁。白净王④闻自国境内，有一释氏，甚大豪富，生于八女，端正少双，乃至相师，占观其女，当生贵子。时净饭王闻是语已，作如是言："我今当索是女作妃，令我甘蔗转输⑤圣王苗裔不绝。"_{此是律家⑥作如是说。又言大慧是菩萨母者，此依《阿波陀那经》文。又言输头檀王是我之父，摩耶夫人是我之母，《阿波陀那经》说。检诸经文，此义是实。}

时净饭王即遣使人，往诣善觉大长者家，求索大慧为我作妃。尔时，善觉语彼使言："善使仁者，为我谘启大王言，我有八女，一名为意，乃至第八名为大慧，何故大王求最小者？大王且可待我处分七女竟已，当与小女大慧作妃。"时净饭王复更遣使语长者言："我今不待汝一一嫁七女讫，然后取于大慧作妃。汝八头女，我尽皆取。"时善觉释报大王言："若如是者，依大王命，随意将去。"时净饭王即遣使人，一时迎取八女向宫。至于宫已，即纳二女自用为妃，其二女者，第一名为意，第八名大慧者。自余六女，分与三弟，一人与二，并妻为妃。时净饭王纳意姊妹内于宫中，纵情嬉戏，欢娱受乐，依诸王法，治化四方。

又《菩萨本行经》云：时甘蔗王，有第二妃，绝妙端正，生于四子：一名炬面，二名金色，三名象众，四名别成。其第一善贤妃，唯生一子，名为长寿，端正可喜，世间少双，然其骨相，不堪作王。时善贤妃如是思维：甘蔗种王有此四子，炬面等辈，兄弟群强。我今唯有此之一子，虽极端正，而无有双，然其相分，不堪为主。作何方便，令我此子得绍王位？复作此念：是甘蔗王，今于我边，无量敬爱，深心染着，纵情荡意。我今可穷极妇人庄饰之法，令王于我重生妖媱。若得如心，我于屏处，当乞求愿。思维是已，如上所说，庄严自身，令极殊绝，至于王边。王见妃来，生重爱敬，纵逸其心。见王生如是心已，二人眠卧。妃白王言："大王当知，我今从王乞求一愿，愿王与我。"王言："大妃，随意不逆，从心所欲，我当与妃。"时妃重质王言："若与我愿，不得变悔。"王言："一与妃愿，后若悔者，当令我头破作七分。"妃言："大王，王之四子，炬面等辈，愿摈出国，遣我生子长寿为王。"时甘蔗即语妃言："我此四子，无有过失，国境之内有何罪祥，不听其住？"妃又白言："王已先立誓，我若悔者头破七分。"王告妃言："我如前言，与妃所愿。"

时甘蔗王过此夜后，至明清旦，集聚四子，而告敕言："汝四童子，今可出去，我治化内，不得居住，远向他国。"时四童子，蹋跪合掌，白父王言："大王当知，我等四人无有罪恶，无诸过咎，云何父王忽然摈我出于国界？"王敕子言："我知汝等实无过失，此非我意驱摈于汝，此善贤大妃之意。彼妃乞愿，我不违彼，令汝出国。"时四王子所生之母，各求乞随儿去。王报诸妃："随汝意去。"时妃眷属及诸臣百姓等，各白王言："今遣此四子令出国者，我等诸臣亦求随去。"王言："任意。"时甘蔗王敕诸王子："从今已去，若欲婚姻，不得余处取他外族，还于自家姓内，而莫令甘蔗种姓断绝。"

彼诸王子，受父王教已，各各自将所生之母，并及眷属、资财、诸驮乘等，即向北方，到雪山下，经少时住。有一大河，名婆耆罗渑。渡于彼河，上雪山顶，游涉久停。见川宽平，无诸坑坎庳阜，唯生软细青草，清净可爱，树林华果，蔚茂敷荣。王子见已，共相谓言："可于此间造城治化。"尔时王子，既安住已，忆父王语，于自姓中求觅婚姻，不能得妇。各纳姨母及其姊妹，共为夫妻，依于妇礼。一随王教，二恐释种杂乱相生。

尔时日种甘蔗之王，召一国师大婆罗门来，语之言："大婆罗门，我四王子今在何处？"国师答言："大王当知，王之四子，已各出国，向于北方，乃至已生端正男女。"时甘蔗王为自所爱诸王子故，心思欲见，意情欢喜，而发是言："彼诸王子能立国计，大好治化。"彼等王子是故立姓，称为释迦。以释迦住大树蓊蔚枝条之阴。是故名为奢夷耆_{及夷反}耶。以其本于迦毗罗仙处所住，故因城立名，故名迦毗罗婆苏都。时甘蔗王三子没后，唯一子在，名尼拘罗。_{隋言"别成"。}

《长阿含经》云：住直树林，又号释林，因林为姓。又父王闻四子端正，曰："此真释子也。"

注释

①**迦毗罗城**：释迦牟尼出身于释迦族。迦毗罗城是释迦族的都城。佛经中又常常翻作"迦毗罗卫城"或

"劫比罗伐窣堵"。

②**毗沙门王**：音译词。印度佛教传说中的北方的护法天王。

③**转轮圣王**："轮"是古代印度的一种兵器。印度古代，称能够征服天下，统一海内的国王为转轮圣王。

④**白净王**：即释迦牟尼的父亲净饭王。

⑤"输"，《卍正》《清藏》二本作"轮"。

⑥**律家**：这里指专门学习和研究佛教戒律的僧人，他们分成不同的学派。

译文

如《菩萨本行经》所说：当时迦毗罗城不远，又有一座城，名叫天臂城。天臂城有一位释迦族的豪贵长者，名叫善觉。善觉大富多财，积攒有各种珍宝，资产丰饶，具备威信和德行。他想要有什么，就有什么，不缺任何东西。他的住宅，就如同毗沙门王的宫殿。他生有八个女儿：第一位名叫意，第二位名叫无比意，第三位名叫大意，第四位名叫无边意，第五位名叫发意，第六位名叫黑牛，第七位名叫瘦牛，第八位名叫摩诃波阇波提（用大隋的话讲，意思是大慧，也叫梵天）。这位梵天女，在几位女儿中年纪最小。当初出生时，有会看相的婆罗门为她看相，说："这位女子出嫁后，要是生下儿子，必定要做转轮圣王，统治四天下，拥有七宝，有一千个儿子，治理百姓，也不用鞭杖。"

善觉的女儿们渐渐长大，到了可以出嫁的时候了。白净王听说自己国内有一位释迦族的大富豪，生有八个女儿，长得端正无双，以至相师看相，认为他的女儿当生贵子。净饭王听到这话后，就说道："我现在应当娶这样的女子做妃子，让我甘蔗转轮圣王后代绵延不断。"（这是讲律的僧人有这样的说法。又说大慧是菩萨的母亲，这是依照《阿波陀那经》的说法。又说输头檀王是我的父亲，摩耶夫人是我的母亲，这是《阿波陀那经》的说法。检查各种经文，这样的说法是对的。）

于是净饭王派遣使人，到善觉大长者家，要求娶大慧做王妃。善觉告诉使人说："尊敬的使人呀，请为我报告大王，我有八个女儿，第一位名叫意，直到第八位才是大慧，为什么大王要娶最小的一位？请大王等我把前面七个女儿安顿好了，就把小女儿大慧给大王做王妃。"净饭王又派使人对善觉长者说："我现在不能等你一一把七个女儿都嫁出后，才娶大慧做王妃。你的八个女儿，我都娶了。"善觉长者回答净饭王："如果是这样，那就照大王的意思，都带了去。"于是净饭王便派使人，将八个女子一起娶回王宫。到了王宫，留下两个做自己的王妃，这两个女子是大姐意、八妹大慧。其余的六个女子分给三个弟弟，一人给两个，都做王妃。净饭王把意姊妹娶进宫中，纵情嬉戏，无比欢乐，依照各种王法，治理教化四方。

《菩萨本行经》又说：甘蔗王的第二王妃，生得端正绝妙，生了四个儿子：第一个名叫炬面，第二个名叫金色，第三个名叫象众，第四个名叫别成。第一王妃善贤只生了一个儿子，名叫长寿，端正可爱，世间少有，然而生就的骨相不能做国王。善贤妃想：甘蔗种王有炬面等四个儿子，兄弟强悍。我现在只有这一个儿子，虽然长得非常端正，世上无双，但是他的命相却不能做王。有什么办法，可以让我的儿子继承王位？她又转念一想：这位甘蔗王，就在我身边，对我无限喜爱，心底深处耽恋情欲。我可以尽量使出女人们打扮自己的办法，让国王对我更加依恋。若是这样，我在背后，再给他提要求。这样想过后，便照上面所说，仔细打扮，使自己显得极其漂亮，来到国王面前。国王见到王妃，加倍地喜欢，心意摇荡。王妃见国王欲念发动后，两人便睡在一块。王妃对国王说："大王您知道，我想请大王满足我的一个愿望，希望大王答应。"国王说："大王妃，随你的意思，我都答应你。"王妃又说："大王若是答应了我的要求，不能反悔。"国王说："我答应了王妃的要求，以后若是反悔，就让我的脑袋裂作七块。"王妃说:"大王,大王的四个儿子,炬面等辈,请把他们流放出国,让我生的儿子长寿做国王。"甘蔗王对王妃说:"我这四个儿子没有过失,国境之内,又有什么不吉祥的事情,不能让他们住下去呢?"王妃又说:"大王先前已经发过誓,若是反悔,脑袋将破裂为七块。"国王只好对王妃说:"我照我先前说的那样,答应你的要求。"

过了这一夜,到第二天一清早,甘蔗王召集来四个儿子,对他们说:"你们四个孩子,现在可以离开国家,我统治的地方,你们不能住,你们可以到很远的外国去。"四个孩子跪倒在地,合掌对国王说:"父王要知道,我们四人没有罪恶,也没有过错,为什么父王忽然要把我们赶出国界?"国王对儿子们说:"我知道你们没有过失,这不是我要赶走你们,这是善贤大王妃的意思。她的要求,我不能不答应,只好让你们离开国家。"四位王子的生母,都要求跟随自己的儿子而去。国王对众王妃说:"照你们的意思都去吧。"王妃们的亲属以及大臣百姓等,也各自对国王说:"四位王子流放出国,我们也想跟随而去。"国王说:"随便。"甘蔗王告诉各位王子:"你们从此而去,若是要结婚,不得在其他地方娶外族的女子,仍然在自家族姓中娶亲,不要让甘蔗族种姓断绝。"

王子们接受了父王的教导,各自带上生母以及亲属、财产、驮乘等,往北方去,到了雪山脚下,住了一些时候。雪山下有一条大河,名叫婆耆罗洟河。渡过河,登上雪山顶,又停留了一段日子。见到平原宽阔,没有起伏不平的山峦,只生长着细软的青草,清净可爱,树林花果,繁茂兴盛。王子们相互说道:"可以在这里造城定居。"王子们安住下来后,想起父王的话,于是在自己族姓中寻求婚姻,可是没有合适的妇女。只好接纳姨母及其姊妹,成为夫妻,仍然依照做夫妻的礼节。一则因为是照父王的教导办,二则是因为害怕释迦族的种姓会混杂。

这以后的一个时候,日种甘蔗王召来一位大婆罗门国师,说道:"大婆罗门,我的四个王子现在在什么地方?"国师答道:"大王要知道,大王的四个儿子,已经出了国界,往北方去了,已经生了端正的儿女。"甘蔗王因为还是喜欢自己的儿子,很高兴,想见到他们,于是说道:"王子们能够建立国家,治理好国家。"王子们因此立姓称为释迦。因为释迦族住在大树荟蔚枝条的树荫下,故名为奢夷耆(及夷的反切音)耶。因为最初住在迦毗罗仙的地方,由城得名,又称作迦毗罗婆苏都。后来甘蔗王的儿子有三个去世了,只有一个名叫尼拘罗的还活着(用大隋的话讲,意思是"别成")。

《长阿含经》说：住在直树林，又称为释林，由林而得姓。又父王听说四位王子生得端正，说道："真正是释迦族的儿子。"

成道部第十二

乞食部第二

原典

如《四分律》云：尔时菩萨渐渐游行，从摩竭国[①]界往至婆罗阅城[②]，于彼止宿。明旦入城乞食。颜貌端正，屈伸俯仰，行步庠序，视前直进，不左右顾眄，着衣持钵，入罗阅城乞食。时摩竭王在高楼上，诸臣前后围绕，遥见菩萨入城乞食，行步庠序，即向诸臣以偈赞之。王即遣信问："比丘欲何所诣？"菩萨答之："山名斑荼婆，当于彼止宿。"使人速还，返白王如是事。王闻彼使言，即严好象乘，众人共寻从，即往礼菩萨。时王语太子言："今可于此住，我举国一切所有，及脱此宝冠相与。可居王位治化，我当为臣。"时菩萨报言："我舍转轮王，出家学道，岂可于此边国王位而处俗耶？王今当知，犹如有人曾见大海水后见牛迹水，岂可生染着心？此亦如是，岂可舍转轮王位，习粟散小王位？此事不然。"时王前白言："若成无上道者，先诣罗阅城，与我相见。"菩萨报言："可尔。"尔时王即礼菩萨足，绕三匝而去。

又《佛本行经》云：菩萨为摩伽陀国[③]王说云："大王，我等今实不畏彼毒蛇，亦复不畏天雷霹雳，亦复不畏于猛火焰彼大风吹烧野泽者，但畏五欲[④]境界所逼。何以故？诸欲无常，犹如劫贼，盗诸功德。"尔时菩萨即说偈言：

> 五欲无常害功德，六尘[⑤]空幻损众生。
> 世间果报本诳人，智者谁能暂停住？
> 愚痴天上不满意，况复人间得称心？
> 欲秽染着不觉知，犹如猛火然干草。
> 往昔顶生圣王主，降伏四域飞金轮，
> 复得帝释[⑥]半座居，忽起贪心便堕落。
> 假令尽王此大地，心犹更欲摄他方。
> 世人嗜欲不知厌，如巨海纳诸流水。

大王当知，彼须弥山[⑦]下有阿修罗[⑧]，然其兄弟各为贪欲，爱一玉女，二人相争而自斗战，伤害俱死。便说偈言：

> 往昔修罗两兄弟，为一玉女自相残。
> 骨肉怜爱染着憎，智人观知不贪欲。

菩萨又言："或为五欲故，生天生人。既得生已，着五欲故，投身透水，或复赴火。为五欲故，自求怨仇。"又说偈言：

> 痴人爱欲故贫穷，系缚伤杀受诸苦。
> 意望此欲成众事，不觉力尽后世殃。

又《佛本行经》菩萨说偈言[9]：

> 假使恩爱久共处，时至命尽会别离。
> 见此无常须臾间，是故我今求解脱。

注释

①**摩竭国**：又翻作"摩揭陀国"或"摩伽陀国"。古印度十六大国之一。释迦牟尼一生，大部分时间就在摩揭陀国度过。国中佛教的圣迹最多。

②**婆罗阅城**：摩竭国的都城，佛经中又常翻作王舍城。

③**摩伽陀国**：即摩竭国。

④**五欲**：为追求色、声、香、味、触"五境"而起的五种情欲。

⑤**六尘**：又称"六境"，指眼、耳、鼻、舌、身，再加上意，合称"六识"所感觉认识的六种境界，即指

色尘、声尘、香尘、味尘、触尘、法尘等六境。

⑥**帝释**：即帝释天。印度神话中的大神，在佛教传说中是佛教的护法神之一。

⑦**须弥山**：印度神话传说中的大山，山高无比。又译名为"妙高山"。

⑧**阿修罗**：印度神话传说中的一种恶神，常不安分，与其他天神作对。又是"六道"之一，也是"天龙八部"之一。

⑨**偈言**：即诗歌。在佛经中与长行，即散文相对。偈言有韵，长行则无。

译文

如《四分律》所说：那时菩萨渐渐游行，从摩揭陀国的边界到了婆罗阅城，住下来。第二天一早进城乞食。菩萨颜貌端正，屈伸俯仰，行步稳重，视前直进，不左右顾盼，披衣持钵，进了罗阅城乞食。这时摩揭陀国王正在高楼上，大臣们前后围绕，远远看见菩萨进城乞食，步履稳重，就用偈颂（诗）向大臣们称赞菩萨。国王派人去问："比丘打算往何处去？"菩萨答道："斑茶婆山，我将在那里住下来。"使人赶紧回来，报告了国王。国王听了使人的报告，立即备好大象，一群人跟随着，前去礼敬菩萨。摩揭陀国王对太子（指释迦牟尼）说："你现在就在我们这儿留下来，我把举国所有一切，并且脱下这个宝冠，都交给你。你居王位，统治国家，我做大臣。"菩萨回答："我放弃了转轮王的王位，出家学道，岂可因为做这边国的国王而成为俗人？大王应当知道，就好像有人见过大海水，然后见到牛尿水，岂可因此而生染着心？道理如此，岂可放弃了转轮王位，而去做小王？这件事不可能。"摩揭陀国王上前一步，说："如果你成无上正道，请先到罗阅城，与我相见。"菩萨回答："可以。"国王礼菩萨足，右绕三圈而去。

又《佛本行经》说：菩萨对摩伽陀国王说道："大王，我等现在不怕那些毒蛇，也不怕天雷霹雳，也不怕猛火被大风吹刮在山野里燃烧，但是害怕五欲境界逼迫。为什么？诸欲无常，犹如劫贼，盗诸功德。"于是菩萨说偈颂道：

五欲无常损害功德，六尘空幻损伤众生。
世间果报本是骗人，智者谁能暂停于此？
愚痴者在天上也不满意，怎么能在人间称心如意？
沉湎于肮脏的欲望却不自知，就像猛火点燃了干草。

以前顶生圣王用金轮降伏了四域，

又得到了帝释天一半的地位，忽然贪心生起，便因此堕落。

假使谁统治了这大地，他心里还更想统治其他的国家。

世间的人贪欲而不知满足，就如大海接纳百川。

大王要知道，须弥山下有阿修罗兄弟，然而因为各自的贪欲，爱一玉女，两人相争，互相战斗，受伤俱死。于是菩萨说偈言：

从前有阿修罗两兄弟，为一玉女自相残杀。

本来是骨肉，却生出了仇恨；有智慧的人明白道理，便没有贪欲。

菩萨又说道："因为有五欲，转生为天神，或转生为人。转生以后，因为有五欲，或投身于水里，或奔赴火中。因为五欲，自寻仇人。"菩萨又说偈言道：

痴人由于爱欲而贫穷，由于伤害杀戮而遭受痛苦。

希望把欲念变成种种现实的人，不知不觉间耗尽精力，带来后世的灾殃。

又《佛本行经》中菩萨说偈言道：

如果因为恩爱而希望长久相处,到时生命终结终究要分别。

看到这一切无常,发生在须臾之间,所以我今只追求解脱。

学定部第三

原典

如《四分律》云：时菩萨即向阿蓝迦蓝[①]所，学不用处定。精进不久，得证此法。时菩萨舍之而去，后往郁头蓝子[②]处，学有想无想定。精进不久，得证此法。菩萨思维：此两处定，非涅槃，非永寂休处。不乐此法，便舍二人而去，更求胜法。时菩萨更求胜法者，即无上休息法也。时有五人追逐菩萨，念言：若菩萨成道，当与我等说法。

又《佛本行经》云：阿罗逻仙人[③]报菩萨云："诸凡夫人，爱于贪欲，受系缚等苦，一切皆由境界。"而说偈言：

> 山羊被杀因声死，飞蛾投灯由火色，
> 水鱼悬钓为吞饵，世人趣死以境牵。

又《新婆沙论》云：佛为菩萨时，厌老病死，出劫比罗伐窣堵城，求无上智。时净饭王遣释种五人随逐给侍，二是母亲，三是父亲。母亲二人执受乐行得净，父亲三人执苦行得净。当于菩萨修苦行时，母亲二人心不忍可，即便舍去。菩萨后知苦行非道，舍而受食羹饭、苏乳，以油涂身，习处中行。父亲三人咸谓菩萨狂乱失志，亦复舍去。后世尊成佛，即作是念：彼皆是我父母亲族，先来恭敬供养于我，今欲酬报，为何所在？天即白言："今在婆罗疭斯④国仙人鹿苑。"_{广事如前。}

问：何故名婆罗疭斯？答：此是河名。去其不远，造立王城，是故此城亦名婆罗疭斯。

问：何故名仙人论处？答：若作是说，诸佛定于此处转法轮者。彼说佛是最胜仙人，皆于此处初转法轮，故名仙人论处。若作是说，诸佛非定于此转法轮者。彼说应言仙人住处，谓佛出世时，有佛大仙及圣弟子仙众所住。佛不出世时，有独觉仙⑤所住。若无独觉时，有世俗五通仙住。以此处常有诸仙已住，今住，当住，故名仙人住处。有说应言仙人堕处。昔有五百仙人飞行空中，至此遇退因缘，一时堕落。

问：何故名施鹿林？答：常有诸鹿，游止此林，故名鹿林。昔有国王名梵达多，以此林施与群鹿，故名施鹿林。如羯兰铎迦长者，于王舍城竹林园中穿一池，以施羯兰铎迦鸟，令其游戏，因名施羯兰铎迦池。此亦如是，故名施鹿林。_{旧翻名迦兰陀鸟。《善见》论其形如鹊。}

注释

①**阿蓝迦蓝**：当时的一位修行者，也是一位仙人。佛经中讲，释迦牟尼曾经跟他学习过，后来觉得未能得到解脱，于是离他而去。

②**郁头蓝子**：也是当时的一位修行者。释迦牟尼也跟他学习过，后来也离他而去。

③**阿罗逻仙人**：即阿蓝迦蓝。

④**婆罗疵斯**：印度古代的历史名城。今称瓦腊纳西，在印度北方邦境内。古代也是一个国家，称作"婆罗疵斯国"。

⑤**独觉仙**：又称一角仙人。佛经中讲，他从鹿腹而生，因此头上生有一角，住在婆罗疵斯山中，修行而得神通，后来却因受到淫女的诱惑而失掉神通。

译文

如《四分律》所说：此时菩萨在阿蓝迦蓝处，学不用处定。菩萨精进修行，不久就证得此法。于是菩萨离开阿蓝迦蓝，去郁头蓝子处，学有想无想定。精进不久，证得此法。菩萨心想：这两种禅定法，不是涅槃，也不能得到永久的寂静。菩萨不喜欢这两种定法，便离开二人，去寻求胜法。菩萨要寻求的胜法，就是无上休息法。当时有五人追随菩萨,心想:菩萨若是成道,当为我们说法。

又《佛本行经》说:阿罗逻仙人对菩萨说:"一般人们由于贪欲缠绕而受苦,一切都由境界而起。"阿罗逻仙人说偈言道:

山羊因为叫声而被杀死,飞蛾由于灯火的颜色而扑向灯火,

水中的鱼儿贪食鱼饵被钓上鱼钩,世上的人因为境的牵制而走向死亡。

又《新婆沙论》说:佛做菩萨时,因为厌恶老、病、死,离开劫比罗伐窣堵城,求无上智。净饭王派释迦族中五人跟随侍候,其中两人出自母族,三人出自父族。母族二人主张的是从快乐行中得清净,父族三人主张从苦行中得清净。当菩萨修苦行时,母族二人心中不忍,便离菩萨而去。菩萨后来知道实行苦行并不能得道,于是放弃苦行,接受人家赠送的羹饭和酥乳,用油涂身,修习中道。父族三人认为菩萨心志狂乱,也离菩萨而去。后来菩萨成了佛,心里想:他们都是我父母的亲族,早先恭敬供养我,我现在想报答他们,他们在哪里呢?天神就报告道:"他们现在在婆罗疟斯国仙人鹿苑。"(详细的故事如前面所说。)

问：为什么叫婆罗疪斯？答：这是河名。离河不远，建造王城，因此城也叫婆罗疪斯。

问：为什么叫仙人论处？答：有人这样说，诸佛定于此处转法轮。他们说佛是最胜仙人，都在此处初转法轮，因此称作仙人论处。或是这样说，诸佛不是定于此处转法轮。他们说应该称作仙人住处，因为佛出世时，有佛大仙及圣弟子仙众住在此处。佛不出世时，有独觉仙住在此处。若是没有独觉仙时，有世俗五通仙住。因为此处常有诸仙过去住，现在住，将来住，所以名叫仙人住处。有人说应该叫作仙人堕处。以前曾有五百仙人飞行空中，到了此处，遇退因缘，一时堕落。

问：为什么名叫施鹿林？答：时常有鹿群游止在林中，因此叫作鹿林。从前有一位梵达多国王，将此林布施给群鹿，因此叫作施鹿林。如同羯兰铎迦长者，在王舍城竹林园中开凿一池，布施给羯兰铎迦鸟，让它游戏，因此名叫施羯兰铎迦池。这也同样如此，因此名叫施鹿林。（以前翻译作迦兰陀鸟。《善见律》说其形如喜鹊。）

苦行部第四

原典

尔时菩萨于此鹿林，在五拘邻比丘[①]所，学于苦行。经于六年，极生辛苦，过其本师。以自饿故而不得道，徒劳疲形。故《涅槃经》云：菩萨当以苦行自诫其心，日食一胡麻，经一七日。粳米、菉豆、麻子、粟糜，及以白豆，亦复如是，各一七日。如是修苦行时，一切皮肉，消瘦皱减，如断生瓠，置之日中。其目坎陷，如井底星。肉尽肋出，如朽草屋。脊骨连现，如重线砖。所坐之处，如马蹄迹。欲坐则伏，欲起则偃。虽受如是无利益苦，然不退于菩提之心。

又《菩萨处胎经》云，佛告苦行菩萨："昔我所更苦行无数，于尼连河边六年苦行，日食一麻一米。斯由曩昔向一缘觉犯口四过，断绝一施，重受轻报。"

又《大集经》云：尔时光味菩萨，为诸大众而说偈言：

过去无量僧祇劫[②]，种种布施习檀那[③]，
清净尸罗[④]及羼提[⑤]，精进坐禅学般若[⑥]。
安乐一切众生故，备忍种种诸苦辛。

宫中六万后妃嫔,弃舍出家如脱屣。
独处六年修苦行,日食一麻一米麦。
精进昼夜不睡眠,身形唯有皮骨在。
菩提树下思维坐,八十万众天魔来。
四方上下地及空,八十由旬⑦悉充满。
如是魔军及眷属,皆能破坏使归降。
成就无上胜菩提,得证第一义谛果。

注释

①**五拘邻比丘**:古代印度称出家乞食修行者为比丘。这里指当时的五位修行者,其中一位名叫拘邻。释迦牟尼离开阿蓝迦蓝和郁头蓝子以后,曾跟这五位比丘修行,但仍未得到解脱,最后也离开他们而去。

②**无量僧祇劫**:意思是无限长的时间。参见前"阿僧祇时"条注("种姓部第三"注①)。

③**檀那**:梵文"布施"一词的音译。分有财施、法施、无畏施三种。能对治悭贪,消除贫穷。

④**尸罗**:梵文"戒"字的音译。指佛教的戒律。持守戒律,并常自省,能对治恶业,使身心清凉。

⑤**羼提**:梵文"忍"字的音译。忍耐迫害,能对治嗔恚,使心安住。

⑥**般若**:梵文"智慧"一词的音译。能对治愚痴,

开真实之智慧，即可握生命之真谛。

⑦**由旬**：印度古代计算里程的单位。本义是一头牛套上车后一气可拉的距离，因此汉文佛经中也译作"驿"。具体多长，说法不一。中国唐代到印度求法的高僧义净讲，约相当于当时中国的"三十余里"。

译文

这时菩萨在这鹿林里，在五拘邻比丘处，修习苦行。经过六年时间，经历的各种辛苦，超过了他自己的老师。他忍受饥饿，却并未得道，只是徒然使自己疲惫不堪。所以《涅槃经》说：菩萨用苦行来锻炼自己的心志，一天只吃一粒胡麻，经过七天。同样地，一天吃一粒粳米，或一粒绿豆，或一粒麻子，或一粒粟糜，以至一粒白豆，各自经过七天。如此修习苦行，一切皮肉，消瘦皱减，就像断根的瓠瓜，放在太阳下。他的眼眶深陷，就如井底的星星。肉消肋出，就如朽坏的草屋。脊骨露出，就如重叠的砖缝。他坐的地方，就如马踩过留下的蹄印。他想坐直，却弯了下去；想站起来，却倒了下去。虽然受了这么多无益的痛苦，可是菩萨要证得菩提的决心却没有倒退。

又《菩萨处胎经》讲，佛告诉苦行菩萨："以前我经历过无数的苦行，在尼连河边苦行六年，一天吃一粒胡麻、一粒粳米。这是因为早先我曾对一位缘觉有过四种口过,拒绝过一次做施舍的机会,所以重受轻报。"

又《大集经》说:这时光味菩萨为大众说偈言道:

在过去无量劫的时候,佛修习种种布施、清净戒律、忍、精进、坐禅和智慧。

为了安乐一切众生,受尽种种辛苦。

舍弃宫中六万嫔妃而出家,就像脱掉一双旧鞋。

六年间独自修习苦行,一天只吃一粒胡麻或一粒米麦。

昼夜精进不睡眠,一身仅有皮骨在。

菩提树下思维坐,八十万众天魔来。

四方上下,地上空中,八十由旬距离之内,天魔充满。

就是这些魔军及其随从,佛都能打败,使其投降。

佛成就了无上最胜菩提,证得了第一义谛果。

草座部第六

原典

如《佛本行经》云：尔时菩萨于河澡浴，食乳糜。沐身体竟，光仪平复，如本威力，自在安庠，面向菩提树，菩萨思维：此菩提道场欲作何座？即自觉知，应坐草上。是时净居天①白菩萨言："过去诸佛欲证菩提，皆铺草上而取正觉。"尔时菩萨思维：谁能与我如是之草？左右四顾。

是时忉利帝释天王②以天智知菩萨心已，即化其身为刈草人，去于菩萨不近不远，右边而立，刈取于草。其草青缘③，颜色犹如孔雀王项，柔软滑泽，而手触时，犹如微细迦尸衣，色妙而香，右旋宛转。菩萨问彼人言："贤善仁者，汝名字何？"彼人报言："我名吉利。"菩萨思维：我今欲求自身吉利，亦为他人以求吉利。此名吉利，在于我前，我今决当得证阿耨菩提。"汝能与我草不？"其化人报言："我能与草。"是时帝释即化作人，刈草奉菩萨。

菩萨即取一把，自手执持。当取草时，其地即便六种震动。将于此草，向菩提树下。持草中路，忽有百青雀，从十方来，右绕菩萨，三匝讫已，随菩萨行。又有五百拘翅罗鸟。又有五百孔雀。又有五百白鹅。又有五百鸿鹤。又有五百白鸥。又有五百迦罗频伽之鸟。又有五百命命之鸟。又有五百白象，皆悉六牙。又有五百白马，头耳乌黑，鬃尾悉朱，长而披散。又有五百牛王，并皆解领，犹如黑云。是时复有五百童子、五百童女，各以种种诸妙璎珞，庄严其身。又有五百天子、五百天女、五百宝瓶，以诸香华，满于其中，盛种种诸妙香水，无人执持，自然空行。又世间中所有一切吉祥之事，皆从四方云雨而来，各在菩萨右边，围绕三匝已，随菩萨行。一切诸天音乐，空中欢喜，歌赞菩萨，不可具述。

又《瑞应本起经》云：释提桓因④化为凡夫人，执净软草。菩萨问言："汝名何等？"答："名吉祥。"菩萨闻之，心大欢喜，破不吉以成吉祥。

又《观佛三昧经》云：适施草坐，地则大动。诸佛化作八万佛树师子之座。或有佛树高八千里四千里，或高百千由旬。一切佛树，具足八万，大小不定。今释迦树最短，若干天衣，而布其上。

又《观佛三昧经》云：佛告父王："如我逾出宫城，去伽耶城⑤不远，诣阿输陀树⑥。"吉安天子⑦等百千天子，皆作是念：菩萨若于此坐，必须坐具。我今应当献于天草。即把天草,清净柔软,名曰吉祥。菩萨受已,铺地而坐。是时诸天复见白毛,围如三寸,右旋宛转,有百千色,流入诸相。是诸天子,各作是念:菩萨今者,唯受我草,不受汝草。时白毛中有万亿菩萨,结跏趺坐,各取其草,坐此树下。一一天子,各见白毫中有如此相。

时有天子,名曰悦意,见地生草,穿菩萨肉,上生至肘,告诸天子曰:"奇哉男子,苦行乃尔!不食多时,唤声不闻,草生不觉。"即以右手申其白毛,其白毛端直,正长一丈四尺五寸,如天白宝,中外俱空。天见毛内,有百亿光,其光微妙,不可具宣。诸天见已,叹未曾有。即放白毛,右旋宛转,还复本处。是时降魔,魔还天宫。白毛随从,直至六天。无数天子天女,见白毛孔,通中皆空,团圆可爱,如梵王幢。如来有无量相好,一一相中,八万四千诸小相好。如是相好,不及白毫少分功德。

注释

①**净居天**:居住于净居天的天神。净居天是诸天之一。

②**忉利帝释天王**:帝释天王居住于忉利天。忉利天又称三十三天,帝释天为此天之主。

③"缘",《卍正》《清藏》作"绿"。

④**释提桓因**：帝释天王的另一个名字。又译作"因陀罗"。

⑤**伽耶城**：印度古城。释迦牟尼在此地得道成佛。今称佛陀伽耶，在印度比哈尔邦，是佛教最重要的圣地。

⑥**阿输陀树**：意译"无忧树"。树形优美，在印度常见。

⑦**天子**：佛经中的"天子"，指的是天神。

译文

如《佛本行经》所说：这时菩萨在河里洗过澡，吃过乳糜。菩萨洗净身体，仪态恢复，气力如初，自在安详，面对菩提树，心里想：在这菩提道场，我应该坐在什么地方？他马上就知道，应该坐草上。这时净居天对菩萨说："过去诸佛将证菩提，都铺草而坐，而得正觉。"菩萨心想：谁能给我这样的草？菩萨左右张望。

这时忉利帝释天王依靠天智，知道菩萨心里的想法，便变化为割草人，在菩萨附近不远不近处，右边而立，做割草的样。那些草颜色青绿，就像孔雀王的颈项，柔软滑润，手摸上去，就像细软的迦尸衣，既颜色好看，还有香味，纹理宛转右旋。菩萨问他："贤善仁者，你叫什么名字？"帝释天回答："我名叫吉利。"菩萨心里想：我现在是想为自己求吉利，也想为他人求吉利。这个人名叫吉利，就在我面前，我今天一定能证得无上菩提。菩萨问："你能给我草吗？"割草人回答："我能给你草。"于是帝释天变化成的割草人便割草献给菩萨。

菩萨取一把草，手里拿着。当取草之时，大地便发生六种震动。菩萨手拿着草，向菩提树下走去。半路中，忽然有一百青雀从十方飞来，右绕菩萨三圈，然后跟着菩萨前行。又有五百拘翅罗鸟。又有五百孔雀。又有五百白鹅。又有五百鸿鹤。又有五百白鸥。又有五百迦罗频伽鸟。又有五百命命鸟。又有五百白象，都生着六根长牙。又有五百白马，头耳乌黑，马尾全红，长而披散。又有五百牛王，颈上的毛都披散开来，像一片黑云。这时复有五百童子、五百童女，各以种种漂亮的璎珞，装饰全身。又有五百天子、五百天女，还有五百宝瓶，装满各种香花、各种美妙的香水，也不用人拿着，在空中自然来往。又世间中所有一切吉祥之事，都从四面八方，如同云雨而来，各自在菩萨右边，围绕三圈，然后跟着菩萨前行。一切音乐天神，欢喜地在空中歌唱，赞美菩萨，细节不可具述。

又《瑞应本起经》说：释提桓因（即帝释天）变

化为凡人，手拿净软草。菩萨问道："你叫什么名字？"回答："吉祥。"菩萨听了，心中大为欢喜，破除不吉，以成吉祥。

又《观佛三昧经》说：刚把草铺好坐上，地便大震动。诸佛变化出八万佛树师子之座。有的佛树高八千里、四千里，有的高成百上千由旬。所有佛树，数有八万，大小不定。释迦佛树最短，有一些天衣，张挂在上面。

又《观佛三昧经》说：佛对父王讲："如果我走出宫城，会去距伽耶城不远的阿输陀树处。"吉安天子等成百上千的天神都这样想：菩萨要是在这里坐，必然需要坐具。我们现在应当把天草献给他。于是送上天草，清净柔软，名叫吉祥。菩萨收下草，铺地而坐。这时天神们又看到一束白毛，三寸直径，右旋宛转，有成百上千种颜色，中间显出各种形相。天神们各自心里想：菩萨今天只接受了我奉献的草，而不是你们的草。白毛中有成万成亿的菩萨，结跏趺坐，各自取草，坐在这棵树下。每一位天神，各自看见白毛中有如此形相。

这时有一位名叫悦意的天神，看见地上生长的草穿过菩萨的肉，向上直长到肘，对其他天神说："奇哉男子，如此苦行！长久不吃东西，叫唤他听不见，草长在身上也无知觉。"便用右手伸理白毛，白毛端直，正长一丈四尺五寸，如同天神们的白宝，内外俱空。天神们看见毛内有成百上亿束光，微妙得不能言说。天神们看完，称赞这是从未有的事。悦意将手放开，白毛右旋宛转，还复原样。这时菩萨降伏了魔王，魔王返回天宫。白毛随从，直至第六天界。无数的天神天女，看见白毛孔，通中皆空，团圆可爱，如同梵王幢。如来有无量相好，一一相中，又有八万四千各种小相好。但是这些相好，都赶不上白毫中的一点儿功德。

降魔部第七

原典

如《因果经》云：四月七日世尊[1]降魔。于时落日停光，明月映彻，园林华果，荣不待春。

《智度论》云：尔时天魔，将十八万天魔众，皆来恼佛。佛以眉间微光，照皆堕落。

又《观佛三昧经》云：魔王心怒，即欲直前。魔子谏曰："父王无辜自招疮疣，菩萨行净，难动如地，云何可坏？"

又《杂宝藏经》云：昔如来树下，恶魔波旬[2]将八十亿众，欲来坏佛，便语佛云："汝独一身，何能坐此？急可起去，若不起者，我捉汝脚，掷着海外。"佛言："我观世间无能掷我。汝于前世时，曾于一寺受一日八戒，施辟支佛[3]一钵之饭，故生六天为大魔王。而我于三阿僧祇劫[4]，亦设供养声闻、缘觉[5]，不可计数。"魔言："汝道我昔一日持戒，施辟支佛食，信有其实，我亦自知，汝亦知我。汝自道者，谁为证知？"佛以手指地言："此地证我！"作是语时，一切大地，六种震动。地神即从金刚际出，合掌白佛言："我为作证。

有此地来，我常在中，世尊所说，真实不虚。"佛语："波旬！汝今先能动此澡瓶，然后可能掷我海外。"尔时，波旬及八十亿众不能令动。魔王军众颠倒自坠，破坏星散。

又《佛本行经》云：尔时魔王波旬长子，名曰商主，即以头顶礼菩萨足，乞求忏悔，口唱是言："大善圣子，愿听我父发露辞谢！凡愚浅短，犹如小儿，无有智慧。我今忽来恼乱圣子，将诸魔众，现种种相，恐怖圣子。我于已前曾谘父言：以忠正心，虽有智人，善解诸术，犹尚不能降伏于彼悉达太子[6]，况复我等？但愿圣子恕亮我父。我父无智，不识道理，如是恐怖大圣王子，当何取生大圣王子？愿仁所誓，早获成就，速证阿耨菩提[7]。"

注释

①**世尊**：释迦牟尼的尊号之一。

②**恶魔波旬**：魔鬼之王，常率眷属到人间破坏佛教。

③**辟支佛**：意译"独觉"或"缘觉"。指依靠观悟十二因缘之理，"自觉不从他闻"而得道的佛。

④**三阿僧祇劫**：是指无限长的时间。参见前"阿僧祇时"及"无量僧祇劫"条下注。

⑤**声闻、缘觉**：声闻指听闻释迦牟尼的言教，修行

以求解脱的佛弟子。缘觉此处指依自悟而求佛道的佛弟子。参见前"辟支佛"条注。

⑥**悉达太子**："悉达"是释迦牟尼做太子时的名字，有时又译作"悉达多"。

⑦**阿耨菩提**：梵文音译词，意译是"无上正觉"。乃佛陀所觉悟之智慧，含有平等、圆满之义。

译文

如《因果经》所说：四月七日世尊降魔。此时落日收敛了光辉，明月映彻，园林花果不等待春天，就已经绽放。

《大智度论》说：那时天魔带着十八万魔众，都来搅扰佛。佛用眉间的微光一照，魔众全部堕落。

又《观佛三昧经》说：魔王心中怒起，想冲向前去。魔子劝告道："父王无故自找麻烦，菩萨行净，难动如地，怎么可能毁坏？"

又《杂宝藏经》说：从前如来坐在树下，恶魔波旬带着八十亿魔众，要来坏佛，便对佛说："你独自一人，怎么能坐在这里？你立即起来走开，若是不起来，我抓住你的脚，扔到海外去。"佛说："我看世间还没有人能把我扔走。你在上一世，曾经在一座寺庙里受一日八戒，布施过一钵饭给辟支佛，因此转生在第六天界为大魔王。而我在过去无数久远之时，也曾经供养过声闻和缘觉，数量不可计算。"魔王说："你说我过去曾持一日戒，布施给辟支佛饮食，实有其事，我自己知道，你也知道我。你讲你自己的事，谁可做证？"佛用手指地说："大地可以为我做证！"说这句话时，一切大地，便做六种震动。地神从金刚边界出来，合掌对佛说："我为世尊做证。自从有这大地以来，我就常在其中，世尊所说真实不虚。"佛说："波旬！你今天要是能先把这个澡瓶摇动一下，然后才可能把我扔到海外。"那时候，波旬和他的八十亿魔众都不能摇动澡瓶。魔王军众颠倒坠地，破坏星散。

又《佛本行经》说：这时魔王波旬的长子，名叫商主，用头顶礼菩萨足，乞求忏悔，说道："大善圣子，请听我父谢罪！我们凡愚浅短，如同小儿，没有智慧。我今天突然来扰乱圣子，带着魔众，做种种变化，恐吓圣子。我先前曾劝告我父：即使心地忠正的智人，懂各种法术，尚且不能降伏那位悉达太子，何况我们？但愿圣子宽恕我父。我父没有智慧，不识道理，如此恐吓大圣王子，怎么能战胜大圣王子？愿您的誓愿早获实现，速证无上菩提。"

成道部第八

原典

如《普曜经》云：菩萨于树下坐，明星出时，豁然大悟。年至十九出家，三十成道。

又依《般若问论》云：沤楼频螺林中成佛。

又《自誓三昧经》云：初成佛时，十方诸佛各送袈裟，佛合成一服，此衣今在梵天供养。

又《空行三昧经》云：弥陀佛[1]先我四劫得道，维卫佛[2]先我三劫得道。有佛名能儒[3]，三十灭度。迦叶佛[4]十八得道。我年二十七得道。今从多为定，十九出家，三十成道。此文应允，亦与余义相应。

《善见律》云：月生三日，得一切智。

《泥洹经》云：佛初出得道，并四月八日。今以为正。

注释

①弥陀佛：释迦牟尼佛之前的过去佛，先释迦牟尼佛而得道。为西方极乐世界之教主。

②维卫佛：也是释迦牟尼佛之前的过去佛。

③能儒：也是释迦牟尼佛之前的过去佛。

④**迦叶佛**：也是释迦牟尼佛之前的过去佛。为过去七佛中之第六佛，又为现在贤劫千佛中之第三佛。

译文

如《普曜经》所说：菩萨坐在树下，启明星出现时，豁然大悟。菩萨十九岁出家，三十岁成道。

又依照《般若问论》所说：（佛在）沤楼频螺林中成佛。

又《自誓三昧经》说：初成佛时，十方诸佛各送袈裟，佛合成一件衣服，这件衣服现在在梵天供养。

又《空行三昧经》说：弥陀佛比我先四个劫的时间得道，维卫佛先我三劫时间得道。有佛名叫能儒，三十岁灭度。迦叶佛十八岁得道。我二十七岁得道。今依从多数而定，十九出家，三十成道。这段文字合乎情理，也与其他的说法相符合。

《善见律》说：新月出现三日，得一切智。

《泥洹经》说：佛在新月初出时得道，都说是四月八日。今天被认为是正确的说法。

2　潜遁篇第二十三

引证部第二

原典

如《生经》云，佛告诸比丘：乃昔过去无数劫时，姊弟二人。姊有一子，与舅俱给官御府织。见帑藏中奇宝好物，即共议言："吾织作勤苦，藏物多少，宁可共取，用解贫乏？"伺夜人定，凿作地窟，盗取官物，不可算数。

明，监藏者觉物减少，以启白王，王诏之曰："勿广宣之，令外知闻。"舅甥盗者谓王不觉。王曰："至于后日，必复重来。且严警守，以用待之。得者收捉，无令放逸。"藏监受诏，即加守备。其人久久，则重来盗。

外甥教舅:"舅今年尊,体羸力少,若为守者所得,不能自脱。我力强盛,当济挽舅。"舅适入窟,为守者所执。执者唤呼诸人。甥捉不制,畏明识之,辄截舅头,出窟持归。

晨晓,藏监具以启闻,王又诏曰:"舁出其尸,置四交路。其有对哭取死尸者,则是贼魁。"弃之四衢,警守积日。人马填噎,塞路奔突。其贼射闹,载两车薪,置其尸上。守者启王,王诏微伺,若有烧者,收缚送来。于是外甥教童执炬舞戏。人众总闹,以火投薪,薪然炽盛,守者不觉。具以启王,王又诏曰:"若阇维①,更增严伺。其来取骨,则是元首。"甥又觉之,兼猥酿酒,特令醇厚,诣守备者,微而沽之。遣守者连昔饥渴,见酒丛饮,饮酒过多,皆共醉寐。酒瓶盛骨而去,守者不觉。

明复启王,王又诏曰:"前后警守,竟不级获,其贼狡黠,更当设谋。"王即出女,庄严宝饰,安立房室,于大水傍,众人侍卫,伺察非妄。必有利色,来趣女者,逆抱捉唤,令人收执。

他日异夜,甥寻窃来。因水放株,令顺流下,唱噉奔隐。守者惊趣,谓有异人,但见株杌。如是连昔,数数不变。守着睡眠,甥即乘株,到女房室。女则执衣,甥告女曰:"用为牵衣?可捉我臂。"甥素凶黠,预持死人臂,以用授女。便放衣捉臂,而大称噭迟。守者寤,甥得脱走。明具启王,王又诏曰:"此人方便,独百无双。久捕不得,当奈之何!"

女即怀妊,十月生男,男大端正。使乳母抱,行周遍国中。有人见鸣,便缚送来。抱儿终日,无就鸣者。甥为饼师,住饼炉下。小儿饥啼,乳母抱儿,趣饼炉下,市饼哺儿。甥见儿鸣。具以白王,王又诏曰:"何不缚送?"乳母答曰:"小儿饥啼,饼师授饼,因而鸣之,不识是贼,何因白之?"王又使母,更抱儿出,见近儿者,便缚将来。甥沽美酒,呼母伺者,劝酒醉眠,便盗儿去。醒寤失儿,具以启王,王又诏曰:"卿等顽駚,贪嗜狂水,既不得贼,复亡失儿!"

甥时得儿,抱至他国。前见国王,占谢答对,引经说义。王大欢喜,辄赐禄位,以为大臣,而谓之曰:"吾之一国智慧方便,无逮卿者。欲以臣女,若吾之女,当以相配,自恣所欲。"对曰:"不敢。若王见哀,其实欲索某国王女。"王曰:"善哉。"从所志愿,王即自以为子,遣使求彼王女。王即可之。即遣使者,欲迎王女。敕其太子,五百骑乘,皆使严整。

甥为贼臣,甥怀恐惧:"若到彼国,王必觉我,见执不疑。"便启其王:"若王见遣,当令人马衣服鞍勒,一无差异,乃可迎妇。"王然其言,王令二百五十骑在前,二百五十骑在后,甥在其中,跨马不下。女父自出,屡观察之。王入骑中,躬执甥出:"尔为是非,前后方便,捕何叵得!"稽首答曰:"实尔是也。"王曰:"卿之聪黠,天下无双。卿之所愿,以女配之,得为夫妇。"

佛告诸比丘:"欲知尔时外甥者,则吾身是。外国王者,舍利弗[②]是。其舅者,今调达[③]是。女妇翁者,输头檀王[④]是。妇母者,摩耶夫人[⑤]是。其妇者,拘夷[⑥]是。其子者,罗云[⑦]是。"佛说是时,莫不欢喜。

又《智度论》云:菩萨思维,观空无常相故,虽有妙好五欲,不生诸结。譬如国王有一大臣,自覆藏罪,人所不知。王言:"取无脂肥羊来。汝若不得者,当与汝罪。"大臣有智,系一大羊,以草谷好养,日三以狼而畏怖之。羊虽得养肥而无脂。牵羊与王,王遣人杀之,肥而无脂。王问:"云何得尔?"答以上事。菩萨亦如是。见无常、苦、空狼,令诸结脂消,诸功德肉肥。

又《贤愚经》云:尔时摩竭国中有一长者,生一男儿,相貌具足,甚可爱敬。其生之日,藏中自然出一金象,父母欢喜,因瑞立号,名曰象护。儿渐长大,象亦随大。既能行步,象亦行步。出入进止,常不相离。若意不用,便住在内。象大小便,唯出好金。由是因缘,库藏宝满。象护长大,常骑东西,迟疾随意,甚适人情。阿阇世王闻知索看。象护父子乘象在门，王听乘象入内。下象拜王，王大欢喜，命坐赐食，粗略谈论。须臾之间，辞王欲去。王告象护："留象在此，莫将出耶。"象护戚然，奉教留之，空步出宫。未久之间，象没于地，踊在门外，象护还得乘之。

象护虑王见害，投佛出家，得罗汉道。每与比丘林间思维，其金象者常在目前。舍卫国人闻有金象，竞集观之，愦闹不静，妨废行道。时诸比丘以意白佛，佛告象护："因此致烦，遣之令去。"然不肯去。佛复告曰："汝可语之：我今生分已尽，更不用汝。如是至三，象当灭去。"尔时，象护奉教语之，是时金象即入地中。

佛告比丘："因何有此果报？乃往过去迦叶佛时，人寿二万岁。彼佛涅槃后，起塔庙，中有菩萨，本从兜率天[8]乘下入胎象。彼时象身有少剥破。时有一人见破治补，因立誓愿：使我将来常处尊贵，财用无乏！彼人寿终，生于天上。尽其天命，下生世间。常在尊贵，每有金象随时卫护。尔时治象人者，今象护是。由彼治象，封受自然。缘其敬心奉三尊[9]，故今值我得道。"

又《杂宝藏经》云：昔难陀王聪明博通，事无不炼，以己所知，谓无酬敌，群臣无对。时诸臣等即白王言："有比丘名那伽斯那，聪明绝伦，今在山中。"王欲试之，即使人赍一瓶苏，湛然盈满。王意以为：我智满足,谁加于我?斯那获苏,即解其意。于弟子中敛针五百,用刺苏中,苏亦不溢。寻遣归王。

王既获已,即知其意。寻遣使请斯那。即赴,延入宫中。王与粗食,食三五匙,便言已足。后与细美,方乃复食。王复问言:"向云已足,何故今者犹故复食?"斯那答言:"我向足粗,未足于细。"即语王言:"今者殿上可尽集人,令满其上。"寻即唤人,充塞遍满,更无容处。王在后来,将欲上殿。诸人畏故,尽皆摄腹。其中转宽,乃容多人。斯那尔时即语王言:"粗饭如民,细者如王。民见于王,谁不避路?"

王复问言:"出家在家,何者得道?"斯那答言:"二俱得道。"王复问言:"若二俱得道,何用出家?"斯那答言:"譬如去此三千余里,若遣少健,乘马赍粮,捉于器仗,得速达不?"王答言:"得。""若遣老人,乘于瘦马,复无粮食,为可达不?"王言:"纵令赍粮,由恐不达,况无粮也?"斯那答言:"出家得道,喻如少壮。在家得道,如彼老人。"

王复问言:"日之在上,其体是一,何以夏时极热,冬时极寒?夏则日长,冬则日短?"斯那答言:"须弥山有上下道。日于夏时,行于上道,路远行迟,照于金山,故长而暑热。日于冬时,行于下道,路近行速,照大海水,短而极寒也。"

注释

①阇维：指火葬。

②舍利弗：释迦牟尼的"十大弟子"之一，称为"智慧第一"。

③调达：译名又作"提婆达多"。释迦牟尼的堂弟，初跟随释迦牟尼出家，但后来反对释迦牟尼，分裂僧团，企图加害释迦牟尼，最后堕入地狱。

④输头檀王：即释迦牟尼的父亲净饭王。输头檀是"净饭"一名的音译。

⑤摩耶夫人：释迦牟尼的母亲。为古印度迦毗罗卫城净饭王之妃。

⑥拘夷：释迦牟尼出家前的妻子。

⑦罗云：释迦牟尼出家以前生的儿子罗睺罗。为佛陀十大弟子之一。

⑧兜率天：乃欲界六天之第四天，位于夜摩天与乐变化天之间。此天有内外两院，兜率内院乃即将成佛者（即补处菩萨）之居处；外院属欲界天，为天众之所居，享受欲乐。

⑨三尊：指佛、法、僧，三者都应该受到尊敬。又称"三宝"。

译文

如《生经》所说,佛告诉比丘们:过去无数劫时,有姊弟二人。姊有一个儿子,与舅一起在国王的府库里做织工。二人见府库中有各种奇宝异物,就商量道:"我们俩做织工,真是辛苦,这府库收藏有这样多的东西,不如一起拿走,可以解救我们的贫穷。"夜里,等人们都睡定了,二人挖凿地洞,盗走官家的东西无数。

第二天天亮以后,看守府库的人发现物品减少,报告国王,国王命令说:"别宣扬出去,让外人知道。"舅甥二人以为国王不知道。国王说:"到后天,贼人必定还要来。加强警卫,等待贼人。来了就抓住,不要让贼跑掉。"看守人得到命令,加强了警卫。二人过了一阵,又重来盗窃。外甥对舅说:"舅父你年纪大了,身体差,气力小,要是给看守人捉住,没法跑脱。我的气力好,到时候我来救你。"舅刚钻进地洞,便给看守人抓住。看守人又呼唤其他人。外甥想把舅抢回来,没有成功,害怕第二天会有人认出他们,便砍下舅父的头,带着头,从地洞里逃回了家。

第二天一早,看守人将情况报告了国王,国王又命令道:"把贼的尸体运出去,放在十字交叉路口。要是有谁哭着来收尸,必定就是贼头。"尸体放在路口,看守了多日。一天，人马来往，堵塞了路口，又突然奔走。这外甥贼趁着喧闹，运来两车木柴，放在尸体上。守尸人报告国王，国王命令悄悄等候，要是有人来烧尸，立即捉下送来。于是外甥叫来一些小孩，手执火炬，跳舞演戏。人们闹闹嚷嚷，将火扔在木柴上，木柴点燃，火越烧越旺，看守人居然没发现。报告国王，国王又命令道："若是尸体被火化了，更要严加防范。有来收取骨灰的人，必是贼首。"外甥又明白了国王的意思，于是让人私下酿出些特别浓厚的酒，带到看守人前，悄悄卖给他们。看守人连日来又饿又渴，见到酒，聚在一起大饮，饮酒过多，都一起醉倒。外甥便用酒瓶装上骨灰而去，看守人都不知觉。

第二天，看守人又报告国王，国王又说道："前后几次严密防守，竟然还捉不住贼，这贼太狡猾，得另外想办法。"国王便叫出自己的女儿，打扮妆饰，又在大河边建造一座房屋，派遣多人服侍守卫，等候检察想要有非分之举的人。到时必有贪图女色而想接近国王女儿的人，一定要当场捉住，关押起来。

几天之后的一个夜里，外甥便悄悄寻来。他顺水放下一些木头，同时高声叫喊，然后躲藏起来。看守人惊动而来，以为有怪人，可是只见到木头。这样连续好些晚上，次次不变。看守人睡觉了，外甥便搭乘木头，到了国王女儿的房屋。王女抓住外甥的衣服,外甥对王女说:"何用抓住我的衣服?可以抓我的手臂。"外甥素来凶恶狡猾,预先带着死人的手臂,将死人臂交给王女。王女便放开衣服,抓住手臂,然后大声叫喊。看守人醒过来,外甥却已经逃走。第二天报告国王,国王又说:"这个人会想办法,百中挑一。久捕不得,有什么办法!"

  国王女儿怀了孕,十个月后,生下个男孩,长得十分端正。国王让乳母抱着,遍行国中。国王命令,要是有人亲吻这孩子,便捆起送来。乳母抱着小孩,一整天并没有人来亲吻。外甥做了烤饼师傅,坐在饼炉前。小孩饿了,啼哭起来,乳母抱着小孩,来到饼炉前,买饼喂孩子。外甥看到这孩子就亲了一下。乳母报告国王,国王又说:"为什么不捆起送来?"乳母答道:"小孩饿了啼哭,烤饼师傅给饼吃,因此亲吻,不知道是贼,怎么报告呢?"国王又叫乳母把小孩抱出去,要是有想接近小孩的人,也捆起送来。外甥买上好酒,邀请乳母和乳母身边的人,劝酒令醉,便将小孩偷了去。乳母等人醒来,孩子已经不见了,报告国王,国王说道:"你们这些愚笨的东西,贪杯嗜酒,没有抓住贼,反而把孩子也丢了!"

  外甥这时得到儿子,抱着来到另一个国家。他求见国王，应对间引说经典。国王十分高兴，赏赐官位，让他做了大臣，对他说："我一国的聪明人，都比不上你。我想用我的大臣的女儿，当作我自己的女儿，与你婚配，你可以说明你想要谁。"外甥回答："不敢。若是大王可怜我，我其实是想娶某国国王的女儿。"国王说："那好。"照他的意思，国王便把他当作自己的儿子，派使者去求娶那一位国王的女儿。那位国王答应了。国王便派出使者，打算迎娶王女。国王命令太子准备好五百骑乘。

外甥本是贼，心怀恐惧："若是到了那个国家，那位国王必定认出我来，抓住我无疑。"于是便对国王说："若是大王派我去，应该让所有人马衣服鞍勒，一无差异，这样才可以去迎娶新妇。"国王同意了他的建议，命令二百五十骑在前，二百五十骑在后，外甥在中间，骑在马上不下来。对方国王亲自出来，反复观察。国王跳进骑乘中，亲手将外甥抓了出来："你做的好事，前后想尽方法，都抓不住你！"外甥恭敬作礼答道："是这样啊。"国王说："你的聪明，天下无双。你的愿望是让我的女儿与你结为夫妇。"

佛告诉比丘们："要知道那时的外甥就是我，外国国王就是舍利弗，舅父就是今天的调达，女子的父亲是输头檀王，女子的母亲是摩耶夫人，女子就是拘夷，女子的儿子就是罗云。"佛说到这些时，大家莫不欢喜。

又《智度论》讲：因为菩萨思维，观察到一切皆空，没有永久存在的事物，所以虽然有妙好五欲，也不会因此生出烦恼结。譬如国王有一位大臣，自己将自己的过错掩盖起来，没有人知道。国王对他说："你找一只没有脂肪的肥羊来。你要是找不来，我就要治你的罪。"这位大臣很聪明，用一只大羊，拴上，用草和谷物好好地喂养，但每天三次又用狼来吓唬羊。羊虽然能够被养肥，却没有脂肪。大臣将羊牵给国王，国王让人杀掉，果然肥而没有脂肪。国王问："怎么能做到这样？"大臣将上面讲到的办法报告了国王。菩萨也是如此。无常、苦、空如同狼，菩萨见到，让如同脂肪的烦恼结消解，而让如同功德的肉生长丰满。

又《贤愚经》上讲：那时摩竭国中有一位长者，生下一个男孩，相貌端正，非常可爱。孩子出生之日，家中仓库自然出现一头金象，父母欢喜，认为是好兆头，因此取名为象护。孩子渐渐长大，象也跟着长大。孩子能走路，象也走路。孩子和象出入行动，常在一起。象不干活时，就住在家中。象大小便，拉出的都是上好的黄金。由于这个原因，家中仓库充满宝物。象护长大，常常骑着象到处游玩，金象走起路来快慢随意，很能领会人的意思。阿阇世王听说了，想要看一看。象护父子骑着金象来到宫门,阿阇世王特别准许他们骑象进入王宫。父子下象拜见国王,国王十分欢喜,让他们坐下,赏赐了饮食,约略谈了一阵话。过了一会儿,父子俩告辞国王,打算回家。国王对象护说:"把金象留在这儿,不要带走了。"象护很难过,只好照着国王的命令,将金象留下,步行出王宫。没有多久,金象沉没于地,又从门外出来,象护仍然还是骑上金象。

象护怕国王会加害于他,便投佛出家,得到罗汉道。他每次和比丘们一起在树林中坐禅,金象也常在旁边。舍卫国人听说有一只金象,争相观看,喧闹不静,妨碍了比丘们行道。比丘们便报告了佛,佛告诉象护:"这金象给我们添了麻烦,让它走吧。"然而金象不肯走。佛对象护说:"你可以告诉金象:我今生的缘分已尽,再也用不着你了。你这样说三遍,金象就会隐去。"象护照佛的指示,这样对金象讲了,金象便马上沉没于地中。

佛告诉比丘们:"为何会有如此的果报?是因为过去迦叶佛时,人寿有二万岁。迦叶佛涅槃后,修建塔庙,中有菩萨,本从兜率天骑乘大象下界投胎。大象身上有少数几处剥落。当时有一个人见到有破损地方,就修补好,因此还立下誓愿:让我将来常处尊贵,财富使用不尽!这个人寿终之后,转生于天上。在天上命终之后,又下生世间。常处尊贵,总有金象随时护卫。那时修补象的人,就是现在的象护。因为他修补了象,自然得到报偿。由于他尊奉三尊,所以现在遇上我而得道。"

又《杂宝藏经》讲:从前难陀王聪明博通,无所不晓,认为凭自己所知道的事,没有人能比得上,群臣无法对答。大臣们就对难陀王说:"有一位比丘,名叫那伽斯那,聪明绝伦,现在住在山中。"难陀王想试一试,便派人带去一瓶酥油,盛得满满的。难陀王的意思是:我的智慧满足,有谁还能再超过我?那伽斯那得到酥油,就明白了难陀王的意思。于是在弟子中收集来五百根钢针,刺入酥油中,酥油也没有溢出。并且又送回给难陀王。

难陀王得到送回的酥油,也明白了那伽斯那的意思。于是派人去请那伽斯那。那伽斯那应邀来到王宫。难陀王给他粗食,他吃了三五匙,便说已经够了。其后难陀王又给他细美的食物,他才又吃起来。难陀王问道:"刚才你说已经够了,为什么现在又吃起来?"那伽斯那回答道:"我刚才是粗食够了,细食没够。"又对难陀王说:"大王现在可以让大殿上站满人。"于是召唤来人,满满站上,无一处空地。难陀王后到,正要上殿。众人畏惧,都收紧胸腹。地方转而变宽,反可以站更多的人。那伽斯那这时便对难陀王说:"粗饭就好比老百姓，细饭就好比大王。老百姓见了大王，谁敢不让路？"

难陀王又问道："出家能得道，还是在家能得道？"那伽斯那回答："两种方法都能得道。"难陀王又问："要是两种方法都能得道，何必还要出家？"那伽斯那回答："这好像到一处三千多里外的地方，若是派一位年轻健壮的人，骑上马，带上粮食和装备，能很快到达吗？"难陀王回答："能。""若是派一位老人，骑上匹瘦马，又没有粮食，能到达吗？"难陀王说："就是带上粮，还怕到不了，何况没有粮？"那伽斯那回答："出家得道，就好比这位年轻健壮人。在家得道，就好比那位老人。"

难陀王又问："太阳在天上，始终是一个，为何夏天极热，冬天极冷？夏天白天长，冬天白天短？"那伽斯那回答："须弥山上，分上道和下道。太阳在夏天走的是上道，路远而走得慢，照着金山，因此白天长而且很热。太阳在冬天走的是下道，路近而走得快，照着大海水，因此白天短而且很冷。"

3　纳谏篇第四十二

引证部第二

原典

如《杂宝藏经》云,佛言:昔迦尸国①王名为恶受,极作非法,苦恼百姓,残贼无道。四远贾客,珍奇胜物,皆税夺取,不酬其直。由是之故,国中宝物遂至大贵。诸人称传,恶名流布。尔时,有鹦鹉王在于林中,闻行路人说王之恶,即自思念:我虽是鸟,尚知其非。今当诣彼,为说善道。彼王若闻我语,必作是言:彼鸟之王犹有善言,奈何人王为彼讥责?傥能改修。

寻即高飞,至王园中,回翔下降,在一树上。值王夫人入园游观。于时鹦鹉鼓翼嘤鸣,而语之言:"王今暴虐，无道之甚，残害万民，毒及鸟兽。含识嗷嗷，人畜愤结。呼嗟之音，周闻天下。夫人苛克，与王无异。民之父母，岂应如是？"夫人闻已，嗔恚炽盛："此何小鸟，骂我溢口？"遣人伺捕。尔时鹦鹉，不惊不畏，入捕者手。

夫人得之，即用与王。王语鹦鹉："何以骂我？"鹦鹉答言："说王非法，乃欲相益，不敢骂王。"时王问言："有何非法？"答言："有七事非法，能危王身。"问言："何等为七？"答言："一者耽荒女色，不敬真正。二者嗜酒醉乱，不恤国事。三者贪着棋博，不修礼敬。四者游猎杀生，都无慈心。五者好出恶言，初不善语。六者赋役谪罚，倍加常则。七者不以义理，劫夺民财。有此七事，能危王身。又有三事，俱败王国。"王复问言："何谓三事？"答言："一者亲近邪佞谄恶之人。二者不附贤良，不受善言。三者好伐他国，不养人民。此三不除，倾败之期，非旦则夕。夫为王者，率土归仰。王当如桥，济度万民。王当如称，亲疏皆平。王当如道，不违圣踪。王者如日，普照世间。王者如月，与物清凉。王如父母，恩育慈矜。王者如天，覆盖一切。王者如地，载养万物。王者如火，为诸万民烧除恶患。王者如水，润泽四方。应如过去转轮圣王，乃以十善②道，教化众生。"

王闻其言，深自惭愧："鹦鹉之言，至诚至款。我为人王，所行无道。请遵其教，奉以为师，受修正行。"尔时国内风教既行，恶名消灭。夫人臣佐，皆生忠敬。一切人民，无不欢喜。尔时鹦鹉者，我身是也。尔时迦尸国王恶受者，今辅相是也。尔时夫人者，今辅相夫人是也。

注释

①迦尸国：印度古代的"十六大国"之一。即参见"学定部第三"注④中的"婆罗痆斯国"。

②十善：即十善业，乃身、口、意三业中所行之十种善行为。十善为不杀、不盗、不邪淫、不妄语、不两舌（离间语、破语）、不恶口（恶语）、不绮语（杂秽语、非应语、散语、无义语）、不贪欲（贪爱、贪取、悭贪）、不嗔恚、不邪见。

译文

如同《杂宝藏经》所讲，佛说道：从前迦尸国王名叫恶受，做了许多坏事，虐待人民，残暴无道。四方来的商客所带的珍奇货物，都被他夺取，不付报酬。因此他的国家积聚了很贵重的宝物。此事大家传说，恶名远扬。那时，有一只鹦鹉王住在树林中，听到过路的人们讲说国王的劣迹，心里想：我虽是鸟，尚且知道这是不好的事。我现在应该去见国王，劝说他做好事。国王听了我的话，必定会说：鸟王都能劝人做好事，怎么人王反而被它讥笑责备？或者国王因此能改恶从善。

于是鹦鹉王飞到国王的花园中，回旋下降，停在一棵树上。这时正好王夫人到花园里游玩。鹦鹉鼓动翅膀，发出声音，对夫人说："当今国王暴虐无道，残害万民，殃及鸟兽。所有人和动物，都愤怒不已。号呼之声，到处可闻。夫人苛刻，跟国王一样。你们是人民的父母，怎能这样？"夫人一听，顿时大怒："何等小鸟，竟然骂我？"于是派人捕捉。鹦鹉不慌不怕，让人捉住。

夫人捉得鹦鹉，送给国王。国王问鹦鹉："你为什么骂我？"鹦鹉回答："我说国王做事不对，是想帮助国王，我并不敢骂国王。"国王问道："我做了什么不对的事？"鹦鹉回答："有七件事不对，会危害国王自身。"国王问："哪七件事？"鹦鹉回答："第一件，是沉迷于女色，不尊重本来的妻子。第二件，是嗜酒醉乱，不理国事。第三是贪爱下棋赌博，不知道尊敬贤者。第四是打猎杀生，没有仁慈之心。第五是好出恶言，不说好话。第六是比平常的规矩加倍收取赋税和罚金。第七是不讲道理，夺取民财。有这七件事，就会危及国王自身。还有三件事，会败坏国家。"国王又问："哪三件事？"鹦鹉回答："一是亲近邪恶小人。二是不接近贤良，不接受忠善之言。三是好征伐别国，不让人民休息。要是这三件事不去掉，倾覆失败之期，非早即晚。做国王的人，应该让天下人民归顺敬仰。国王应该如同桥，济度万民。国王应该如同秤，对亲者疏者一样公平。国王应该如同大道，不背离圣贤的足迹。国王应该如同太阳，普照人间。国王应该如同月亮，给万物以清凉。国王应该如同父母，恩爱慈祥。国王应该如同天，覆盖一切。国王应该如同地，载养万物。国王应该如同火，为老百姓烧除恶患。国王应该如同水，润泽四方。应该如同过去转轮圣王，用十善道，教化众生。"

恶受王听了这番话，深觉惭愧："鹦鹉的话，至诚至真。我作为国王，所做无道。我愿遵从它的教导，以它为师，修行正道。"于是国内教化既行，国王的恶名消除。夫人和大臣，都生出忠敬之心。一切人民，无不欢喜。那时的那只鹦鹉，就是我。那位迦尸国王恶受，就是现在的辅相。国王夫人，就是现在的辅相夫人。

4　忠孝篇第四十九

睒子部第四

原典

如《睒子经》云：过去世时，迦夷国[①]中有一长者，无有儿子。夫妻丧目，心愿入山，求无上道，修清净志，信乐空闲。时有菩萨，名一切妙见，心作念言：此人发意微妙，眼无所见。若入山者，必遇枉害。菩萨寿终，愿生长者家，名之为睒。至孝仁慈，奉行十善。昼夜精进，奉事父母，如人事天。年过十岁，睒子长跪，白父母言："本发大意，欲入深山，求志空寂，无上正真，岂以子故，而绝本愿？"父母取语，便即入山。睒以家中财物皆施贫者，便至山中。以草为屋，施作床褥，不寒不热，常得其宜。入山一年，众果丰美，食之皆甘。泉水涌出，清而且凉。池华五色，鸟兽音乐。慈心相向，无复害意。睒至孝慈，蹈地恐痛。天神山神，常作人形，昼夜慰劳。睒着鹿皮衣，提瓶取水。麋鹿众鸟亦复往饮，不相畏难。

时有迦夷国王，入山射猎，王见水边群鹿，引弓射之，箭误中睒胸。睒被毒箭，举声大呼言："谁持一箭，射杀三道人？"王闻人声，即便下马，往到睒前。睒谓王言："象坐牙死，犀坐角亡，翠为毛终，麋鹿为皮肉，我今无事，正坐何等死耶？"王问睒言："卿是何等人？被鹿皮衣，与禽兽无异。"睒言："我是王国人，与盲父母俱来学道。二十余年，未曾为虎狼毒虫所见枉害，今我为王所射杀！"登尔之时，山中暴风切起，吹折树木。百鸟悲鸣，师子熊罴走兽之辈，皆大号呼。日无精光，流泉为竭。众华萎死，雷电动地。时盲父母惊起相谓曰："睒行取水，经久不还，将无为毒虫所害？禽兽号呼，不如常时。风起树折必有灾异。"

王时怖惧，大自悔责："我作无状，本欲射鹿，箭误相中，射杀道人，其罪甚重。坐贪小肉，而受重殃！我今一国珍宝之物，宫殿、妓女、丘壖、城邑，以救子命。"时王便以手挽拔睒胸箭，深不得出。飞鸟走兽，四面云集，号呼动山。王益憧怖，三百六十节，节节皆动。睒语言:"非王之过,自我宿罪所致。我不惜身命,但怜盲父母。年既衰老,两目复盲,一旦无我,亦当终殁。无瞻视者,以是懊恼,非为毒痛。"王复重言:"我宁入泥犁②,百劫受罪,使睒得活。若子命终,我不还国,便住山中,供养卿父母,如卿在时。勿以为念,诸天龙神,皆当证知,不负此誓。"

睒闻王誓,心喜悦豫:"虽死不恨,以我父母仰累大王。供养道人,现世罪灭,得福无量。"王言:"卿语我父母处,及卿未死,使我知之。"睒即指示:"从此步径,去此不远,自当见一草屋,我父母在中。王徐徐行,勿令我父母怖惧。以善权方便,解寤其意。为我上谢,无常今至,当就后世。不惜我命,但念父母年老,两目复盲,一旦无我,无所依仰,以是懊恼,用自酷毒。死自常分,宿罪所致,无得脱者。今自忏悔,愿罪灭福生,世世相值,不相远离,愿父母终保年寿,勿有忧患。天龙鬼神,常随护助,灾害消灭。"

王领此言,便将数人,径诣父母所。王去之后,睒便奄绝。鸟兽号呼,绕睒尸上,口舐胸血。盲父母闻声,以益憎怖。王行既疾,触动草木,肃有人声。父母惊言:"此是何人?非我子行。"王言:"我是迦夷国王,闻道人在山学道,故来供养。"父母言:"大王善来!劳屈威尊,远临草野。王体安不?宫殿、夫人、太子、官属、国民皆安善不？风雨和调，五谷丰足，邻国不相侵害不？"王答道人言："蒙道人恩，皆自平安。"王问讯盲父母言："来在山中，劳心勤苦，树木之间飞鸟走兽，无侵害不？山中寒暑，随时安不？"盲父母言："蒙王厚恩，常自安隐。我有孝子，名睒。常与我取果蓏泉水，常自丰饶。山中风雨和调，无有乏短。我有草席可坐，果蓏可食。睒行取水，旦欲来还。"王闻伤心泪出，且言："我罪恶无状，入山射猎，见水边群鹿，引弓射之，箭误中睒，故来相语。"父母闻之，举身自扑，如大山崩，地乃为动。王便自前扶牵。父母号哭，仰天自说："我子孝慈，蹈地恐痛，有何等罪而射杀之？向者风起，树木百鸟，一时悲鸣，疑我子死。"其母啼呼。父言："且止。人生必死，不可得却。今且问王，射睒何许？今为死活？"王说睒言，父母感绝："我一旦无子，俱亦当死！"

依《杂宝藏经》云，王便悲泣而说偈言：

我为斯国王，游猎于此山。
但欲射禽兽，不觉中害人。
我今舍王位，来事盲父母。
与汝子无异，慎莫生忧苦！

盲父母以偈答王言：

> 我子慈孝顺，天上人中无。
> 王虽见怜愍，何得如我子？
> 王当见怜愍，愿将示子处。
> 得在儿左右，并命意分足！

于是王将父母向儿所。椎胸懊恼，号咷而言："我子慈仁，孝顺无比！"天神、山神、树神、河池诸神，皆向说偈言：

> 释梵天世主，云何不佐助？
> 我之孝顺子，使见如此苦。
> 深感我孝子，而速救济命！

又《睒子经》云："愿王牵我二人，往临尸上。"王即牵盲父母往到尸上。父抱其脚，母抱其头，仰天大呼。母便以舌舐睒胸疮："愿毒入我口！我年已老，目无所见，以身代子，睒活我死，死不恨也！睒若至孝天地所知者，箭当拔出，毒药当除，睒当更生！"于是第二忉利天王③座即为动。以天眼见二道人抱子呼哭。乃闻第四兜术天宫皆动。释梵四天王即从第四天王，如人屈伸臂顷，来下睒前，以神药灌睒口中。药入睒口，箭自拔出，更活如故。父母惊喜，见睒已死更活，两目皆开。飞鸟走兽，皆大欢喜。风息云消，日为重光。泉水涌出，众华五色。树木华荣，倍于常时。王大欢喜，不能自胜，礼天帝释，还礼父母，及与睒子，愿以国财以上道人。睒曰："王欲报恩者，王且还国，安隐人民，皆令奉戒。王勿复射猎，夭伤虫兽，现世身不安隐，寿尽当入泥犁中。人居世间，恩爱暂有，别离久长，不可常保。王宿有功德，今得为王，莫以得自在故，而自放逸。"王自悔责："从今已后，当如睒教。"从者数百，皆大踊跃，奉持五戒④。王辞还宫，令国中诸有盲父母如睒比者，皆当供养，不得捐舍，犯者重罪。于是国中皆如王教，奉持五戒十善，死得生天，无入三恶。

佛告阿难⑤："宿世睒子者，我身是也。盲父者，今父王悦头檀王⑥是。盲母者，夫人摩耶是。迦夷国王者，阿难是也。时天帝释者，弥勒是。使我疾成无上正真道者，皆由孝德也。"

注释

①**迦夷国**：即释迦牟尼的生国"劫比罗伐窣堵"。见前"迦毗罗城"条注（"求婚部第四"，注①）。

②**泥犁**：音译词，即地狱。

③**第二忉利天王**：即帝释天王。

④**五戒**：佛教最基本的五条戒律：戒杀，戒盗，戒邪淫，戒妄语，戒酒。

⑤**阿难**：释迦牟尼的"十大弟子"之一，随侍释迦

牟尼二十五年，被称为"多闻第一"。他也是释迦牟尼的堂弟。

⑥**悦头檀王**：即释迦牟尼的父亲净饭王。

译文

如《睒子经》中所说：过去很久以前，迦夷国中有一位长者，他没有儿子。夫妻俩眼睛都瞎了，心里发愿，要进山寻求无上妙道，修习清净，乐意过寂静的生活。那时有一位名叫一切妙见的菩萨，心里想：这人发下这样好的志愿，可是眼睛却一无所见。要是进入山中，定会遭遇不幸。菩萨寿终以后，自愿转生到长者家，名叫睒。睒非常孝顺仁慈，奉行十善。昼夜精勤，伺候父母，就像人奉事天神一样。睒子长到十岁，跪在父母面前，说："父母亲发了大愿，进深山修道，追求无上寂静正道，怎么能因为儿子而放弃这个愿望呢？"父母听了这话，便进入深山。睒子把家中的财物都给了穷人，跟着进了山。他用草搭成屋，铺作床垫，不冷不热，随时都很合适。进山一年，山中种种野果丰美，吃着都是甜的。泉水涌出，既清且凉。水池里开着五色的花，鸟兽的鸣叫像音乐一样。大家慈心相向，互相间没有加害的意思。睒子生性孝顺仁慈，踏地怕痛。天神和山神常常变化成人，日夜慰劳他。睒子穿着鹿皮衣，提瓶取水。麋鹿和鸟，也跟着去喝水，毫不害怕。

那时迦夷国有一位国王，进山射猎，瞧见水边有一群鹿，引弓射去，箭误中睒子的胸部。睒子被毒箭射中，大声呼喊："谁用一箭，射杀了三个道人？"国王听见人声，立即下马，走到睒子的面前。睒子对国王说："大象因为象牙而死，犀牛因为犀角而死，翠鸟因为羽毛而死，麋鹿因为皮肉而死，我什么都没有，因为什么而死呢？"国王问睒子："你是什么人？穿着鹿皮衣，跟野兽一样。"睒子回答说："我是大王国中的人，跟瞎子父母一起在山中学道。二十多年来，没有被虎狼毒虫伤害过，今天却被大王射杀！"这时山中暴风骤起，吹折树木。百鸟悲鸣，狮子狗熊走兽之辈，大声号呼。太阳无光，泉水枯竭。百花枯萎，雷电动地。睒子的瞎子父母突然惊起："睒子去取水，这么久还没回来，会不会被毒虫所害？禽兽呼叫的声音和以前不一样。风起树折，必有灾异。"

这时国王害怕起来，十分后悔："我做了什么事呢？本想射鹿，箭误中目标，射杀道人，这罪过太大了。因为贪图一点儿肉，而带来大祸！我愿意以一国的珍宝、宫殿、伎女、山川、城池，来救你的生命。"国王用手，拔睒子胸前的箭，箭深陷不出。飞鸟走兽，云集在前，呼声动山。国王更加害怕，周身三百六十个关节，节节都在颤动。睒子说："这也不是大王的过错，是因为我自己前世的罪过。我不可惜我的生命，只是可怜我瞎眼的父母。他们年既衰老，两眼又瞎，要是一天没有我，就会死去。没有了奉养他们的人，我为此而烦恼，不是为了箭的毒痛。"国王又说："我宁可下地狱，百劫受罪，也要让睒子得救。如果你死去，我就不回城，住在山中，奉养你的父母，就像你在世时一样。你请放心，诸天龙神都可以做证，我不会违背我的誓言。"

睒子听了国王的誓言，心转高兴，说道："我死而无憾，只怕会因为我的父母连累大王。大王供养道人，今世的罪过因此消灭，得福无量。"国王说："你告诉我你的父母在什么地方，趁你未死，让我知道。"睒子说："从这条小路，过去不远，就可以看见一座草屋，我的父母，就住在里面。大王轻轻地去，别让我父母害怕。请你想一办法，好好告诉他们我的死讯。为我向他们谢罪，就说我大限已到，只期望来世。我不可惜我的生命，只是挂念父母年老，两眼又瞎，一旦没有我，就没有了依靠，因此心中烦恼，难过万分。人不免一死，都是前世的罪过所致，没人能够逃脱。我只能自己忏悔，希望罪灭福生，以后世世代代与父母相遇，不再远离，希望父母终保天年，没有忧愁。天龙鬼神，时常帮助他们，消灭灾害。"

国王听了这番话，领着数人，前往睒子父母住的地方。国王走后，睒子便死去。鸟兽号呼，围绕着睒子的尸体，用嘴舔他胸前的血迹。瞎子父母听见声音，更添了恐怖。国王快步行走，触动草木，发出人的声音。睒子父母惊问："这是谁呀？不是我们的儿子走路的声音。"国王回答："我是迦夷国国王，听说道人在山学道，因此前来供养。"瞎父母说："大王一路可好？您大驾屈尊来到这山野之地。大王身体好吗？宫殿、夫人、太子、官属、国民都平安吗？风雨调和，五谷丰足，邻国也没有来侵犯吧？"国王答道："托道人的福，一切都平安。"国王问瞎父母："你们来到山中，辛苦而担心，树林中的飞鸟走兽会伤害你们吗？山中冷热变化，身体平安吗？"瞎父母回答："蒙大王厚恩，我们一直平安。我们有一个孝顺的儿子，名叫睒。平常他为我们寻取野果泉水，十分丰足。山中风雨调和，无所缺乏。我们坐有草席，食有野果。睒子出去取水，还未回来。"国王听了，伤心得掉下泪来，说："我罪过无及，进山射猎，看见水边一群鹿，引弓射去，误中睒子，因此来报告。"睒子父母一听，扑倒在地，像大山倒下一样，大地都摇动起来。国王上前扶起。父母仰天大哭，说道："我儿子孝顺仁慈，踏地都怕痛，有什么罪，你要射杀他？刚才一阵风起，树木百鸟悲鸣，我们的儿子恐怕已经死了。"睒子母亲痛哭呼喊。父亲说："你且停住。生即有死，无法逃脱。现在且问国王，在哪儿射着了睒？如今是死是活？"国王讲了睒子说过的话，瞎父母悲恸欲绝："我们一旦没有了儿子，也不想活了！"

依照《杂宝藏经》中所说，国王因此悲伤哭泣，说偈言道：

> 我是此国王，游猎在此山。
> 本欲射禽兽，不觉射中人。
> 我今舍王位，奉事盲父母。
> 与汝子无异，请莫生忧苦！

瞎父母也用偈言回答国王：

> 我子慈孝顺，天上人中无。
> 王虽见怜悯，何得如我子？
> 王当见怜悯，指示我儿处。
> 得在儿左右，毕命亦已足！

国王于是将瞎父母带到他们的儿子面前。瞎父母悲痛万分，捶胸大哭："我儿仁慈，孝顺无比！"天神、山神、树神、河神、水池之神，都向他们说偈言道：

> 释梵天世主，为何不帮忙？
> 我之孝顺子，如此命不好。

若爱我孝子，请速救济命！

又《睒子经》中说："请大王牵我们二人到我儿尸前。"国王便牵着瞎父母来到睒子尸前。父亲抱住脚，母亲抱住头，仰天大哭。母亲用舌头舔着睒子胸前的伤口，哭道："让毒药进我的口吧！我已年老，目无所见，让我代替儿子，儿活我死，我不遗憾！如果天地知道睒子的孝顺，箭就拔出，毒药就消除，睒子就重新活过来！"话毕，第二忉利天王的座位都为之震动。天王运用天眼，看见二位道人抱着儿子哭喊。哭声传到了第四兜率天宫，天宫震动。释梵四天王就从第四天王宫，如人伸臂那一会儿，就来到睒子面前，把神药灌入睒子的口里。药入口中，箭自拔出，睒子复活如初。父母既惊且喜，睒子死而复活，他们双眼睁开。飞鸟走兽，皆大欢喜。风息云消，太阳重新发出光芒。泉水涌出，花开五色。树木开花，光艳异常。国王欢喜万分，不能自胜，敬礼帝释天，敬礼瞎父母，又敬礼睒子，表示愿把举国的财富都献给道人。睒子说："大王如果想报恩，还是回国，让百姓安乐，都遵奉戒律。大王不要再射猎，杀害禽兽，现世不得安乐，死后还会下地狱。人生世间，恩爱只是短暂存在，别离才是长久的事，人生不可常保。大王前世积有功德，今世得为国王，莫要以为已得自在，便放任自己。"国王表示忏悔："从今以后，就如睒子说的那样去做。"国王的数百随从，欢喜雀跃，都奉持了五戒。国王告辞回宫，命令国中所有如同睒子有瞎父母的人，都必须奉养父母，不得弃置不管，有违反者重罪。于是国中都如王教导，奉持五戒十善，死后转生天上，没有堕入三恶道的。

　　佛告诉阿难："前世的睒子，就是我。瞎子父亲，就是现在的父王悦头檀王。瞎子母亲，是摩耶夫人。迦夷国王就是阿难。天帝释，就是弥勒。使我很快成就无上正道的，全是孝道啊。"

业因部第五

原典

如《杂宝藏经》云，佛言："若人于父母所，作少供养，获福无量。少作不顺，罪亦无量。"我于过去久远世时，生波罗柰国①，为长者子，字慈童女。其父早丧，与母共居。家贫卖薪，日得两钱，奉养于母。方计转胜，日得四钱，以供于母。遂复渐差，日得八钱，供养于母。后人投趣，获利转多，日得十六钱，奉给于母。众人见其聪明福德，皆来劝之入海采宝。闻已白母。母见慈孝，谓不能去，戏语之言："听汝入海。"儿即结伴克日，已定辞去。母即抱儿啼哭而言："不待我死，何由得去？"儿已许他，恐负言信，便自掣出，绝母头发，伤数十根。

遂去入海，多得宝还。至于中路，徒伴在前，童女独后，失伴错道。到一山上，见琉璃城，饥渴往趣。有四玉女，擎四如意珠，作唱伎乐，出城来迎。四万岁中受大快乐。复生厌心，舍之而去。见玻璃城，有八玉女，擎八如意珠，作乐来迎。八万岁中极大欢喜。后厌舍去，至白银城。有十六玉女，擎十六如意珠，如前来迎。十六万岁受大快乐。后复舍去，至黄金城。有三十二玉女，擎三十二如意珠，如前来迎。三十二万岁受大快乐。后厌舍去，到一铁城。入见一人头戴火轮，舍着童女头上而去。时慈童女即问狱卒："我戴此轮，何时可脱？"狱卒答言："世间有人作罪福业，如汝入海，经历诸城，然后当来代汝受罪。若无代者，终不堕地。"复问："我昔作何罪福？"狱卒答言："汝昔两钱供养母，故得琉璃城四如意珠及四玉女，四万岁中受其快乐。四钱供母，得玻璃城八如意珠及八玉女，八万岁中受诸快乐。八钱供母，得白银城十六如意珠十六玉女，十六万岁受于快乐。以十六钱供养母，故得黄金城，有三十二如意珠三十二玉女，三十二万岁受大快乐。以绝母发，今得铁城火轮之报。有人代汝，乃可得脱。"复问狱卒："今此狱中颇有受罪如我比不？"答言："无量不可称计。"闻已念言：我会不免，愿使一切应受苦者，尽集我身。作是念已，铁轮即堕。狱卒见已，铁叉打头。寻即命终，生兜率天。

佛告比丘："昔慈童女，今我身是。以是因缘，于父母所少作善恶，获报无量。是故应勤供养父母。"

注释

①**波罗奈国**：即前注中的"婆罗疪斯国"（参见本书第五十页，注④）。

译文

如《杂宝藏经》中所讲，佛说："如果人在父母前，做一点儿供养，就会获福无量。如果做一点儿不孝顺的事，罪过也无量。"过去很久以前，我生在波罗奈国，是一位长者的儿子，名叫慈童女。慈童女父亲早死了，与母亲住在一起。家中贫穷，他以卖柴为生，每天卖得两个钱，奉养母亲。后来日子好一些，可以一天卖得四个钱，供养母亲。再后更好一些，一天卖得八个钱，供养母亲。后来大家照顾，获利更多一些，一天卖得十六个钱，奉养母亲。众人见慈童女聪明伶俐，福德俱备，纷纷劝他入海采宝。他听了这话，回家报告母亲。母亲知道他仁慈孝顺，心想他不可能去，就跟他开玩笑："你就去吧。"慈童女于是约上同伴，订好日子，来向母亲告辞。母亲抱着哭道："在我没死之前，你怎么能走呢？"儿子想到已经答应了人，怕有失信用，就从母亲怀里挣脱出来，不小心蹭掉母亲的几十根头发。

于是慈童女入海，寻得许多珍宝。回家的路上，伙伴们走在前面，慈童女一个人掉在后边，不小心走错了路。慈童女到了一座山中，看见一座琉璃城，他又饥又渴，便往城里去。城里有四位玉女，举着四颗如意珠，唱着歌，出城来欢迎他。慈童女在城里享受了四万年的大快乐。慢慢地他又觉得有些厌烦，于是离城而去。他又看见一座玻璃城，城中有八位玉女，举着八颗如意珠，唱着歌，出城来欢迎他。他在玻璃城中享受了八万年的大欢喜。后来他又觉得有些厌烦，于是离城而去，又到了一座白银城。城中有十六位玉女，举着十六颗如意珠，像前面那样来欢迎他。他在白银城中享受了十六万年的大快乐。后来他又离城而去，到了黄金城。城中有三十二位玉女，举着三十二颗如意珠，像以前那样来欢迎他。他在黄金城中享受了三十二万年的大快乐。后来他又厌烦而去，到了一座铁城。他进入城里，看见一个人，头上戴着火轮，把火轮脱下，放在慈童女的头上而去。慈童女便问狱卒："我戴上这火轮，什么时候可以取下来？"狱卒回答："如果世上有人，造作的罪业和福业，跟你一样，入海采宝，经历一座座城池，然后就会来代替你受罪。如果没有代替你的人，火轮永远不会掉下来。"慈童女又问："我过去做过些什么罪业和福业？"狱卒答道："你过去用两个钱供养母亲，所以得到琉璃城的四如意珠和四玉女，四万年中得其快乐。你用四个钱供养母亲，得到玻璃城的八颗如意珠和八玉女，八万年中得快乐。你用八个钱供养母亲，得到白银城的十六颗如意珠和十六玉女，十六万年得快乐。你用十六个钱供养母亲，因此得到黄金城，有三十二颗如意珠、三十二位玉女、三十二万年得大快乐。因为你扯断了你母亲的头发,现在就得到铁城火轮的报应。要是有人来代替你,你才可以得到解脱。"慈童女又问狱卒:"这个地狱里,还有跟我一样受罪的吗?"狱卒回答:"无量无数。"慈童女听了这话,心想:我已经免不了受罪,愿一切应受的痛苦,都集中到我身上。这样一想,铁轮就掉了下来。狱卒一见,便用铁叉打他的头。慈童女立即命终,转生到兜率天。

佛告诉比丘:"那过去的慈童女,就是我。因为这一因缘,在父母那儿做了善事,也做了恶事,获得的报应无穷。我因此劝告人们供养父母。"

感应缘

原典

舜子有事父之感　　郭巨有养母之感

丁兰有刻木之感　　董永有自卖之感

陈遗有燋饭之感　　姜诗有取水之感

吴逵有供葬之感　　萧固有延葬之感

吴冲有哀恸之感　　王虚之有疾愈之感

伯俞有泣娘之感　　石奢有代死之感

孝妇有养姑之感　　雄和有投水之感

王千石有坟墓之感

舜父有目失。始时微微。至后妻之言，舜有井穴之。舜父在家贫厄，邑市而居。舜父夜卧，梦见一凤皇，自名为鸡，口衔米以哺。已言鸡为子孙，视之是凤皇。《黄帝梦书》言之："此子孙当有贵者。"舜占犹也。比年籴稻，谷中有钱。舜也乃三日三夜仰天自告过，因至是听常与市者声故。一人，舜前之，目霍然开。见舜，感伤市人。大圣至孝，道所神明矣。

又郭巨，河内温[①]人，甚富。父没分财，二千万为两分弟已，独取母供养住。自比邻有凶宅，无人居者。

共推与居，无患。妻生男，虑养之则妨供养，乃令妻抱儿，已掘地，欲埋之。于土中得一釜黄金，金上有铁券，曰赐孝子郭巨。

又丁兰，河内野王②人也。年十五丧母，刻木作母，事之供养如生。兰妻夜火，灼母面，母面发疮。经二日，妻头发自落，如刀锯截。然后谢过。兰移母大道，使妻从服三年拜伏。一夜忽如风雨，而母自还。邻人所假借，母颜和即与，不和即不与。郑缉之《孝子传》曰："兰妻误烧母面，即梦见母痛。人有求索，许不先白母。邻人曰：'枯木何知？'遂用刀斫，木母流血。兰还悲号，造服行丧。廷尉以木毁死。宣帝嘉之，拜太中大夫者也。"

又董永者郑缉之《孝子感通传》曰："永是千乘人。"，少偏孤，与父居。乃肆力田亩，鹿车载父自随。父终，自卖于富公，以供丧事。道逢一女，呼与语云："愿为君妻。"遂俱至富公。富公曰："女为谁？"答曰："永妻，欲助偿债。"公曰："汝织三百匹，遣汝，一旬乃毕。"女出门谓永曰："我天女也，天令我助子偿人债耳。"语毕忽然不知所在。右此四验出刘向《孝子传》。

陈遗，吴人，少为郡吏。母好食枪底燋饭。遗在役，常带囊，每煮食，录其燋贻母。后孙恩乱，聚得数斗，常带自随。及败，多有饿死者，遗得活。母昼夜泣忆遗，目为失明，耳为无闻。遗还，入再拜号泣，母目溪明。右此一验出宋躬《孝子传》。

姜诗，字士游，广汉雒③人。母好饮江水，儿常取水，溺死。妇痛惜，恐母知，诳云行学。岁岁作衣投于江中，俄而泉涌出于舍侧，味如江水甘美，且出鲤鱼一双。_{右此一验出《东观汉记》。}

吴逵，吴兴④人也。孙恩乱后，兄弟嫂从有十三丧。家贫壁立，冬无被裤。昼则佣赁，夜还作砖。夫妻执事，无时自暇。期年办七墓十三棺送耳。佣直以供葬事。邻人乃悉折以为赠，一无所取，躬耕偿之。晋义熙三年，太守张崇礼辟之。

又萧固，字季异，东海兰陵⑤人，何十四世孙。旧居沛，何倍长陵，因家关中。少有孝谨，遭丧六年，鸤鹊游狎其庭，獐鹿入其门墙。征聘不就。固子芝，字英髦，孝心醇至。除尚书郎，有雉数十余，啄宿其上，常上直送至路，雉飞鸣车侧。_{右此二验出《郑缉之传》。}

吴中书郎咸冲至孝。母王氏失明。冲暂行，敕婢为母作食。乃取蛴螬⑥虫蒸食之，王氏甚以为美，不知是何物。儿还，王氏语曰："汝行后，婢进吾一食，甚甘美极，然非鱼非肉。汝试问之。"既而问婢。婢伏实，是蛴螬。冲抱母恸哭。母目霍然开明。_{右此一验出祖台《志怪》。}

王虚之，庐陵西昌⑦人。年十三丧母，三十丧父，二十年盐酢不入口。病着床，忽有一人来问病，谓之曰："君病寻差。"俄而不见。又所住屋夜有光，庭中橘树隆冬三实。病果寻愈。咸以至孝所感。_{右此一验出宋躬之《孝子传》。}

韩伯俞有过，其母笞之，泣。母曰："他日未尝泣，今何泣也？"对曰："他日俞得笞常痛，今母力衰，不能使痛，是以泣也。"

又石奢，楚人。事亲孝，昭王时为令尹。行道遥见有杀人者，追之，乃其父也。奢纵父而还，自系狱，使人言于王曰："夫以父立政，不孝。废法纵罪，不忠。请死赎父。"遂因自刎。右此二验出《说苑录》。

《汉书》载：东海孝妇，养姑甚谨。姑曰："妇养我勤苦，我已老，何惜余年，久累年少。"遂自缢死。其女告官云："妇杀我母。"官收系之，拷掠治毒。孝妇不堪楚毒，自谋伏之。时于公为狱吏，曰："此妇养姑十余年，以孝闻彻，必不杀也。"太守不听。于公争不得理，抱其狱辞哭于府而去。自后郡中枯旱三年。后太守至，思求其所咎。于公曰："孝妇不当死，前太守枉杀之。咎当在此。"太守即时身祭孝妇之墓，未返而大雨焉。长老传云：孝妇名周青。青将死，车载十丈竹竿，以悬五幡，立誓于众曰："青若有罪，愿杀血当顺下。青若枉死，血当逆流。"既行刑已，其血青黄，缘幡竹而上极标，又缘幡而下云尔。

犍为符先泥和，其女者名雄。泥和至永建元年为县功曹。县长赵祉遣泥和拜檄谒巴郡太守。以十月乘船，于城湍堕水死，尸丧不得。雄哀恸号咷，命不图存，告弟贤及夫："命勤觅父尸。若求不得，吾欲自沉觅之。"时雄年二十七，有子男贡，年五岁，贳，三岁。又为作绣香囊一枚，盛金珠环，预婴二子，哀号之声不绝于口。昆族私忧。至十二月十五日，父丧未得。雄乘小船，于父堕处哭数声，竟自投水中，旋流没底。见梦告弟："至二十一日与父俱出。"投期如梦与父相持，并浮出江。县长表言，郡太守萧登承上尚书。遣户曹掾为雄立碑，图像其形，令知志孝。右二验出《搜神记》。

唐慈州[8]刺史大原王千石，性自仁孝，以沉谨见称。尤精内典，信心练行。贞观六年父忧，居丧过礼。一食长斋，柴毁骨立。庐于墓左，负土成坟。夜中常诵佛经，宵分不寐。每闻击磬之声，非常清彻，兼有异香延及数里。道俗闻者，莫不惊异。右一验出《冥报拾遗》。

注释

①**河内温**：河内，河内郡，秦时设置，旧地在今河南黄河以北。温即温县，当时属河内郡。

②**野王**：西汉时置县。旧地约在今河南沁阳一带。

③**广汉雒**：广汉，广汉郡，西汉时置，治所曾在雒县。雒县即今四川广汉。

④**吴兴**：吴兴郡，即今浙江东部吴兴，汉魏时辖境较宽。

⑤**东海兰陵**：东海，指东海郡，旧地在今山东东部及江苏北部一带。兰陵即兰陵县，当时属东海郡。

⑥**蛴螬**：金龟子的幼虫。

⑦**庐陵西昌**：庐陵，庐陵郡。东汉末年置，治所曾在高昌，即今江西泰和。旧地在今江西境内。西昌或即为高昌之误。

⑧**慈州**：唐代改原南汾州为慈州，即今山西吉县。

译文

舜子有事父之感　郭巨有养母之感
丁兰有刻木之感　董永有自卖之感
陈遗有焦饭之感　姜诗有取水之感
吴逵有供葬之感　萧固有延葬之感
吴冲有哀恸之感　王虚之有疾愈之感
伯俞有泣娘之感　石奢有代死之感
孝妇有养姑之感　雄和有投水之感
王千石有坟墓之感

舜子有事父之感

舜的父亲眼睛是瞎的。舜最早时地位低微。舜父听从后妻之言，让舜打井，要把舜埋在井里。舜父在家，很贫穷，就住在市场边。舜父夜里睡觉，梦见一只凤凰，称自己是鸡，口衔米喂舜父。鸡意味着子孙，看着却是凤凰。《黄帝梦书》说："这预兆子孙中有富贵者。"指的就是舜。有一年舜家买稻谷，稻谷中有钱。舜三天三夜，仰天自责，觉得这是住在市场边，时常听见买卖人的声音的缘故。遇一人，舜走上前，是舜父，眼睛霍然张开。舜父见到舜，情景感动了市场上的人。大圣至孝，这正是神明的力量。

郭巨有养母之感

又有郭巨，河内温人，家中很富有。父亲去世，与弟弟分家，二千万两财产都给了两个弟弟，然后自己只是接了母亲来供养。自家宅子旁边有一座凶宅，没有人住。弟弟们让他去住，也没什么事。郭巨妻子生了个儿子，他担心有了儿子，会妨碍供养母亲，就让妻子抱上儿子，挖好个坑，打算把儿子埋掉。结果在坑中得到一大缸黄金，金上有一块铁券，上面写道：赐给孝子郭巨。

丁兰有刻木之感

又有丁兰，河内野王人。丁兰十五岁时死了母亲，就用木头刻作母亲的形象,像活着时一样供养。丁兰的妻子夜里生火,烧着了母亲的脸,母亲脸上受了伤。两天后,丁妻的头发自己就掉了下来,像刀割掉的一样。丁妻谢罪。丁兰将母亲移到大路旁,让妻子随从服侍,跪拜三年。一天夜里,风雨大作,母亲自己回到家里。邻人如果要来借什么东西,母亲脸上高兴,丁兰就借,不高兴,就不借。

(郑缉之《孝子传》说:丁兰的妻子不小心烧着了母亲的脸,就梦见母亲叫痛。有人来要求什么,答应或不答应,都要先报告母亲。邻居说:"干木头知道什么?"便用刀砍坏丁兰的木头母亲,木头母亲流出血来。丁兰回家,伤心痛哭,穿上孝服,为母亲举行丧事。廷尉因为木头能感知生死,报告了汉宣帝。汉宣帝嘉奖丁兰,拜他做太中大夫。)

董永有自卖之感

又有董永(郑缉之《孝子感通传》说:"董永是千乘人。"),从小没有母亲,与父亲住在一起。董永在田间耕作,就用鹿车载着父亲,跟在后面。父亲去世,他自己将自己卖给富人公,得到的钱,办理丧事。路上遇见一位女子,招呼他,说:"我愿意做你的妻子。"于是两人一起来到富人公家。富人公问:"这女子是谁?"董永回答:"我的妻子,来帮我还债。"富人公说:"那你织三百匹布来,就让你回去,要十天完工。"女子出门后对董永说:"我是天女,天帝让我来帮助你还债。"说完,忽然就不见了。

（以上四个故事出自刘向《孝子传》）

陈遗有焦饭之感

陈遗,吴人,年轻时在郡里做小吏。他母亲喜欢吃锅底的米锅巴。陈遗出差,总带上一个口袋,每次做饭,都把锅巴留下,带回给母亲。后来孙恩作乱,陈遗积攒的锅巴有好几斗,总是自己带着。到后来孙恩失败,很多人饿死,陈遗却得以活了下来。他母亲昼夜哭泣,想念陈遗,眼睛瞎了,耳朵聋了。陈遗回到家里,哭着跪在母亲面前,母亲眼睛一下就重新见到了光明。

（这个故事出自宋躬《孝子传》）

姜诗有取水之感

姜诗,字士游,广汉雒人。他母亲喜欢喝江水,他常常去取水,不小心淹死在江中。妻子很伤心,怕母亲知道，便假说他出外游学去了。妻子每年做衣投进江中，一会儿就有泉水从住处附近涌出来，水的味道跟江水一样甜美，而且还会游出一对鲤鱼。

（这个故事出自《东观汉记》）

吴逵有供葬之感

吴逵，吴兴人。孙恩之乱，他的兄弟嫂子等有十三人丧生。吴逵十分贫穷，家徒四壁，冬天连被褥都没有。他白天为人做佣工，夜里还要制砖。夫妻俩整日劳动，没有休息的时候。一年内修了七座墓，办制十三口棺，安葬死去的兄弟嫂子。做佣工得到的工钱，则用来办丧事。邻人们送他财物，作为丧礼，他一无所取，只用耕作所得来偿还。义熙三年，太守张崇礼征召他做官。

萧固有延葬之感

又有萧固，字季异，东海兰陵人，萧何的十四代孙。萧氏最早住在沛，后来因为萧何陪葬长陵，便举家移住关中。萧固从小孝顺，为父母居丧六年间，野鸡和喜鹊，在他家庭院游玩，獐子和麋鹿，也走进他家门内。征召他做官，他不去。萧固的儿子萧芝，字英髦，也是非常孝顺。萧芝做尚书郎，家中屋顶上住着十几只野鸡，他上朝，野鸡常常把他送到路上，就在他的车前后鸣叫。

（以上两个故事出自《郑缉之传》）

吴冲有哀恸之感

吴国中书郎咸冲非常孝顺。他母亲王氏眼睛失明。咸冲一次临时外出，吩咐女佣为母亲做饭。女佣用蛴螬虫蒸熟给王氏吃，王氏觉得味道很美，但不知道是什么东西。儿子回家，母亲问："你走后，女佣给我做了一道菜，味道鲜美极了，但既不是鱼，又不是肉。你问问她是什么。"咸冲问女佣。女佣说了实话，是蛴螬。咸冲抱住母亲大哭。母亲的眼睛一下就重见光明。

（这个故事出自祖台《志怪》）

王虚之有疾愈之感

王虚之，庐陵西昌人。他十三岁时死去了母亲，三十岁时死去了父亲，二十年不食盐醋。病在床上，突然有一个人来，看望他的病，对他说："你的病，很快就会好。"说完一下又不见了。他住的屋,夜里发光,庭院里的橘树冬天里结了三次果实。病果然不久就好了。这都是由于他极有孝心而得到的感应。

(这个故事出自宋躬之《孝子传》)

伯俞有泣娘之感

韩伯俞犯了过错,他母亲用竹条打他,他哭起来。母亲问:"往日打你,你没哭过,今天为什么哭呢?"韩伯俞回答:"往日我挨打,常觉得痛,今天却感觉母亲年纪老了,气力不行,打也打不痛了,因此哭泣。"

石奢有代死之感

又有石奢,楚人。石奢对父母很孝顺,楚昭王时做令尹。一次在路上远远望见有人杀人,追上去,是自己的父亲。石奢把父亲放了,把自己关进监狱,让人报告楚王:"用父亲来表示执行法律,我不孝。有法不依,放纵罪人,我不忠。我愿意以自己的死来为父亲赎罪。"于是自杀而死。

(以上两个故事出自《说苑录》)

孝妇有养姑之感

《汉书》上讲：东海有一位孝妇，奉养婆母很尽心。婆母说："媳妇奉养我很辛苦，我已经老了，剩下的岁月不值得可惜，何必久久连累年轻人。"于是自己上吊而死。婆母的女儿向官府告状说："是媳妇杀死了我母亲。"官府将媳妇抓了起来，严刑拷打。孝妇不堪其苦，只好自己承认。当时于公是监狱中的一个小官，说："这个妇人奉养婆母已经有十多年，她的孝顺谁都知道，肯定不会杀死她的婆母。"太守不听。于公力争不得，只好抱着那位妇人的供状，在官府痛哭一阵而去。此后郡中大旱三年。后来来了另一位太守，想知道错在哪里。于公说："孝妇不该死，可是前一位太守冤杀了她。错就在这儿。"太守立刻亲自去祭扫孝妇的墓，还未回到城里，大雨就下了下来。长老们传说：孝妇的名字叫周青。周青将被处死时，车上装着一根十丈长的竹竿，上面悬挂五面旗帜，周青当着众人发誓道："我周青要是有罪，愿杀我流下的血顺着往下流。要是我周青是冤枉而死，血就逆着流。"行刑以后，流出的血是青黄色，顺着挂旗帜的竹竿往上，一直走到竿顶，然后才顺竿而流下。

雄和有投水之感

犍为人符先泥和,有个女儿名叫雄。泥和在永建元年做县里的功曹。县长赵祉派泥和送文书与巴郡太守。十月间上船,在城边的急流处落水而死,尸体没有找到。符先雄大哭,痛不欲生,告诉弟弟符先贤和丈夫说:"你们赶紧找到父亲的尸体。要是找不到,我就自己投水去找。"当时符先雄二十七岁,有个儿子叫贡,五岁,还有个儿子叫贳,三岁。她做了个绣香囊,装上金珠环,预先系在两个儿子身上,自己哀号之声不绝于口。亲戚们私下为她发愁。到十二月十五日,父亲的尸体仍没能找到。符先雄乘上一只小船,到父亲落水的地方,先大哭几声,然后投入水中,急流马上把她卷入水底。她在梦中告诉弟弟:"到二十一日,我将与父亲一起浮出水来。"到这天,跟梦中讲的一样,她拉着父亲一起浮出江面。县长报告上去,郡太守萧登报告尚书。派了户部的官员为雄立碑,碑上画上她的图像,让人们都知道她的孝道。

(以上两个故事都出自《搜神记》)

王千石有坟墓之感

　　唐代慈州刺史太原人王千石，性情仁慈孝顺，以沉静谨慎而著称。尤其还精通内典，虔信佛教。贞观六年父亲去世，他遵守居丧的礼制非常严格。一天吃一顿饭，守长斋，形瘦如柴。在墓的旁边搭上一间茅屋，给墓添土。夜里时常念诵佛经，到半夜不睡。人们常常听得见敲钟磬的声音，非常清澈，又有异香，飘香数里。大家知道了，莫不惊异。

　　　　　　　　　　（这个故事出自《冥报拾遗》）

5　报恩篇第五十一

引证部第二

原典

如《正法念经》云：有四种恩，甚为难报。何等为四？一者母；二者父；三者如来；四者说法师。若有供养此四种人，得无量福。现在为人之所赞叹，于未来世能得菩提。

又《大般若经》^{第四百四十三云}：若有问言："谁是知恩能报恩者？"应正答言："佛是知恩能报恩者。"何以故？一切世间知恩报恩无过佛故。

又《增一阿含经》云，尔时，世尊告诸比丘："若有众生知返复者，此人可敬。小恩尚不忘，何况大恩？

设离此间百千由旬，犹近我不异，我常叹誉。若有众生不知返复者，大恩尚不忆，何况小恩？彼非近我，我不近彼。正使被僧伽梨①，在吾左右，此人犹远。是故比丘当念返复，莫学无返复。"

又《舍利弗问经》云：佛言："夫受戒随其力办，可以为施，不限多少。"文殊师利白佛言："云何如来说父母恩大，不可不报；又言师僧之恩，不可称量？其谁为最？"佛言："夫在家者，孝事父母，在于膝下，莫以报生，长与之等。以生育恩深，故言大也。若从师学，开发知见，次恩大也。夫出家者，舍其父母生死之家，入法门中，受微妙法，师之力也。生长法身，出功德财，养智惠命，功莫大也。追其所生，乃次之耳。"

又《中阴经》，佛问弥勒："阎浮提②儿生堕地，乃至三岁，母之怀抱，为饮几乳？"弥勒答曰："饮乳一百八十斛③，除母腹中所食四分。东弗于逮④儿生堕地，乃至三岁，饮乳一千八百斛。西拘耶尼⑤儿生堕地，乃至三岁，饮乳八百八十斛。北郁单越⑥儿生堕地，坐着陌头。行人授指，嗽指七日成人。彼土无乳，中阴⑦众生饮吸于风。" 古人用其小斗，准今唐斗，一斗当旧三斗，故乳似多。

又《难报经》云：左肩持父，右肩持母，经历千年，便利背上，犹不能报父母之恩。

又《增一阿含经》云：孝顺供养父母，功德果报与一生补处菩萨⑧功德一等。

又《佛说古来世时经》云：吾昔在波罗奈国，谷米勇贵，人民饥馑。我负担草，卖以自活。彼有缘觉，名曰和理，来游其国。我早出城，欲担负草，尔时缘觉着衣持钵，入城分卫。至于中道，吾负草还，于城门中复与相遇，空钵而出。和理缘觉遥见吾来，即自念言：吾早入城，此人出城。今负草还，想朝未食。吾当随后，往诣其家，乞以遏饥。我时担草，自还其舍，下草着地，顾见缘觉追吾之后，如影随形，我时心念：朝出城时，见此缘觉入城分卫⑨，而空钵还，想未获食。吾当断食以奉施之。即持食出，长跪授之。道人愍受，其缘觉曰："今谷米饥贵，人民虚饿。分为二分，一分着钵，一分自食，尔为应法耳。"施主报之："唯然圣人。愿徐食之。早晚无在，道人愿受，加哀一门。"时彼缘觉悉受饭食。吾因是德，七返生天，为诸天王。七返在世，人中之尊，因此一施，为诸国王。长者、人民、群臣、百官，所见奉事，四辈道俗，所见供养。自来求吾，吾无所忘。

又《佛升忉利天为母说法经》云：佛在忉利天欢喜园中波利质多罗树下，三月安居⑩，四众围绕，身毛孔中，放千光明，普照三千大千世界。摩耶夫人闻已，乳自流出："若审是我所生悉达多者，当令乳汁直至于口。"作此语已，两乳直出，犹白莲华，而便入如来口中。摩耶见喜，踊跃怡悦，如华开荣，一心五体投地，专精正念，结使消伏。佛为说法，得须陀洹果。佛在天上，种种利益不可具述。尔时，世尊夏三月尽，将欲还下阎浮。放五色光，照曜显赫。时天帝释[11]知佛当下，即使鬼神作三道宝阶。中央阎浮檀金，左用琉璃，右用马脑，栏楯雕镂，极为严丽。佛语摩耶："生死之法，会必有离。我今应下还阎浮提，不久亦当入于涅槃。"摩耶垂泪说偈。

尔时，世尊与母辞别，下蹑宝阶。梵天王执盖，及四天王侍立左右，四部大众歌呗赞叹，天作伎乐，充塞虚空。散华烧香，导从来下阎浮提。其王波斯匿等一切大众，集在宝阶，稽首奉迎。佛还祇桓处师子座，四众围绕，欢喜踊跃，不可具说。

又《观佛三昧经》云：父王白佛："当往忉利天为母说法。"佛言："当如轮王[12]行法，问讯檀越[13]。"时持地菩萨入首楞严定[14]，从金刚际作金刚华，华华相次。四龙各持七宝台。持地为佛作三道宝阶。世尊至已入宫。白毫相光化作七宝盖，覆母上。作七宝床，奉令坐。

又《六度集经》云：昔者菩萨为大理家[15]，积财巨亿。常奉三尊，慈向众生。观市睹鳖，心悼之焉，问价贵贱。鳖主知菩萨有普慈之德，答曰："百万。"菩萨答曰："大善。"将鳖归家，临水放之。睹其游去，悲喜誓曰："众难命全，如尔今也。"广起弘愿，诸佛赞善。

鳖于后夜，来啮其门。怪门有声，便出见鳖。语菩萨曰："吾受重润，身得获全，无以答恩。水居之物，知水盈虚。洪水将至，必为巨害矣。愿速严舟，临时相迎。"答曰："大善。"明晨诣门，如事启王。王以菩萨宿有善名，信用其言，迁下处高。

时至鳖来："洪水至矣，可速下载。寻吾所之，可获无患。"船寻其后，有蛇趣船。菩萨曰："取。"鳖云："大善。"又睹漂狐，曰："取。"鳖云："亦善。"又睹漂人，博颊呼天，哀济吾命，曰："取。"鳖曰："慎无取也。凡人心伪，鲜有终信，背恩追势，好为凶逆。"菩萨曰："虫类尔济，人类吾贱，岂是仁哉？吾不忍为也。"于是取之。鳖曰："悔哉！"遂之丰土，鳖辞曰："恩毕请退。"答曰："吾获如来无所着至真等正觉者，必当相度。"鳖曰："大善。"

鳖退，蛇狐各去。狐以穴为居，获古人伏藏紫磨名金百斤，喜曰："当以报彼恩矣。"狐还白曰："小虫受润，获济微命。虫穴居之物，求穴以自安，获金百斤。斯穴非冢非家，非劫非盗，吾精诚之致，愿以贡贤。"菩萨深惟：不取徒损，无益于贫民。可以布施，众生获济，不亦善乎？寻而取之。

漂人睹焉，曰："分吾半矣。"菩萨即以十斤惠之。漂人曰："尔掘冢劫金，罪应奈何？不半分之，吾必告有司。"答曰："贫民困者，吾欲等施。尔欲专之，不亦偏乎？"漂人遂告有司。菩萨见拘，无所告诉，唯归命三尊，悔过自责：慈愿众生早离八难，莫有怨结如今吾也。

蛇狐会曰："奈何斯事？"蛇曰："吾将济之。"遂衔良药，开关入狱。见菩萨状颜色有损，怆而心悲，谓菩萨言："以药自随。吾将齧太子，其毒尤甚，莫能济者。贤者以药自闻，傅即瘳矣。"菩萨默然。蛇如所云，太子命欲将殒。王令曰："有能济兹，封之相国，吾与参治。"菩萨上闻，傅之即瘳。王喜，问其所由，本末自陈。王怅然自咎曰：吾阇甚哉！即诛漂人，大赦其国。封为相国，执手入宫，并坐谈论佛法，遂致太平。

佛告诸沙门："理家者是吾身。国王者弥勒是。鳖者阿难是。狐者秋露子[16]是。蛇者目连[17]是。漂人者调达是。菩萨慈惠度无极行布施如是。"

又《新婆沙论》云：昔犍陀罗国[18]迦腻色迦王有一黄门[19]，常监内事，暂出城外，见有群牛，数盈五百。来入城内，问驱牛者："此是何牛？"答言："此牛将去其种。"于是黄门即自思忖：我宿恶业，受不男身。今

128　法苑珠林

应以财,救此牛难。遂偿其价,悉令得脱。善业力故,令此黄门即复男身。深生庆悦,寻还城内,伫立宫门,附使启王,请入奉现。王令唤入,怪问所由。于是黄门具奏上事。王闻惊喜,厚赐珍财,转授高官,令知外事。

注释

①僧伽梨:梵语的音译,指僧人们穿的僧衣。

②阎浮提:即"阎浮提洲",又译名为"赡部洲"或"南赡部洲"。佛教传说,大海上有四大洲,南赡部洲为其中之一。此方人即居住于此。

③斛:中国古代的计量单位,十斗或五斗为一斛。

④东弗于逮:又译名为"东胜身洲"。佛教传说中的四大部洲之一。

⑤西拘耶尼:又译名为"西牛货洲"。佛教传说中的四大部洲之一。

⑥北郁单越:又译名为"北俱卢洲"。佛教传说中的四大部洲之一。

⑦中阴:又称"中有"。指人死后到转生前,处于中间阶段的众生。

⑧一生补处菩萨:亦即等觉菩萨。因仅此一生被系缚于迷界,来生即可成佛。如一般称弥勒菩萨为一生补

处菩萨。

⑨**分卫**：音译词，指僧人们出外乞食。

⑩**安居**：佛教规定，在夏天的雨季中有三个月的时间，僧人们不能出行，而必须安居于一地修行。

⑪**天帝释**：即帝释天，见本书页五十九，注②。

⑫**轮王**：即转轮圣王，见本书页三十五，注③。

⑬**檀越**：音译词，指做布施的施主。

⑭**首楞严定**：又称"首楞严三昧"或"勇健定""勇伏定"。禅定的一种，谓诸佛和菩萨所得禅定，坚固勇健，诸魔不能破坏。

⑮**大理家**：大财主。即佛经中常提到的"大家主"或"大长者"。

⑯**秋露子**：即舍利弗，见前注（本书第七十六页，注②）。

⑰**目连**：即"大目犍连"。释迦牟尼的"十大弟子"之一，被称作"神通第一"。

⑱**犍陀罗国**：古印度北部的国家。旧地在今巴基斯坦境内。古代曾经是佛教传播的中心之一，著名的犍陀罗佛教艺术即产生于此。

⑲**黄门**：指宦官太监。

译文

如同《正法念处经》所说：有四种恩很难报答。哪四种恩？一是母亲的恩；二是父亲的恩；三是如来的恩；四是说法师的恩。若是供养这四种人，将会得到无量的福报。现世被人所称赞，将来世还能得到菩提。

又《大般若经》（第四百四十三卷说）：若是有人问："谁能知恩又报恩？"应该回答："佛能知恩又报恩。"为什么这样说？因为一切世间能知恩能报恩的，没有谁超过佛。

又《增一阿含经》讲，那时，世尊对众比丘说："众生中知道报恩的，这种人值得尊敬。小恩尚且不忘，何况大恩？这种人即使离我成百上千由旬远，也跟在我身边一样，我常称赞他们。众生中不知道报恩的人，大恩尚且记不住，何况小恩？他们不会亲近我，我也不会亲近他们。这种人，即使披着僧衣，在我身边，也离我很远。因此比丘应该知道报恩，别学不知道报恩的人。"

又《舍利弗问经》讲：佛说："在受戒的时候，根据自己的力量做布施，不限多少。"文殊师利菩萨对佛说："为什么如来说父母恩大，不可不报；又说老师和僧人的恩，不可计量？这其中谁是最大？"佛说："要是在家的人，孝敬父母，在于膝下，生养长大，莫以为报。因为父母生育恩深，所以说父母恩大。要是跟从老师学习，开发知识，师恩第二大。若是出家的人，舍弃了父母生死之家，进入佛门，接受微妙佛法，这是老师的力量。法身生长，出功德财，养智慧命，功莫大也。生养他们的父母的恩，就算是第二了。"

又《中阴经》讲，佛问弥勒："阎浮提洲的小儿，生下地，长到三岁，在母亲的怀抱里，要喝多少奶？"弥勒答道："要喝一百八十斛奶，去掉母亲腹中所食的四分之一。东弗于逮洲的小儿，生下地，长到三岁，要喝一千八百斛奶。西拘耶尼洲的小儿，生下地，长到三岁，要喝八百八十斛奶。北郁单越洲的小儿，生下来，就在地头上。行人把指头给他，他吮着指头，七天就长大成人。那地方没有奶，中阴众生喝的吸的是风。"（古人用小斗，今天唐朝的斗，一斗相当于旧斗三斗，因此奶量似乎多了一些。）

又《难报经》说：左肩举负着父亲，右肩举负着母亲，经历千年，父母就在背上大小便，也不能报答父母的大恩。

又《增一阿含经》说：孝顺供养父母，所得的功德果报与补处菩萨的功德是相等的。

又《佛说古来世时经》讲：我过去在波罗奈国，国中谷米昂贵，人民饥饿。我自己担草卖，以求自活。那时有一位缘觉，名叫和理，来到波罗奈国。我早上出城担草，那位缘觉穿衣持钵，进城乞食。到了中午，我担草回家，在城门中又与缘觉相遇，看见缘觉空钵而归。缘觉和理远远看见我来，心里想：我早上进城，此人出城。他现在担草而回，想来上午还没有吃饭。我应该跟着他，到他家去，乞食解饥。我担着草，回到家里，放草在地，回头看见缘觉跟在我后边，如影随形，我心里想：我早上出城时，见到这位缘觉进城乞食，却拿着个空钵回去，想来是没有乞得食品。我不吃饭，也应该把吃的布施给他。于是我拿着饭，出门长跪，奉施给他。缘觉收下，说道："现在谷米昂贵，人民饥饿。这吃的，分作两份，一份放在我这钵里，一份你自己吃，你这是做对了。"施主回答："您说得对。请慢慢吃。我早晚不在，您肯接受我的布施，是可怜我一家。"缘觉收下了饭食。我则因为这件功德，七次转生到天上，做诸天王。又七次转生在世间尊贵的家庭，因为这一次布施，做诸国王。长者、人民、群臣、百官，所有人都来奉事，道俗四众，全部供养。有谁来求我，我没有忘掉的。

又《佛升忉利天为母说法经》讲：佛在忉利天欢喜园中波利质多罗树下，三月雨安居，四众围绕，身毛孔中，放万千光明，普照三千大千世界。摩耶夫人听说了，奶汁自然流出，说道："若是我所生的悉达多，就让奶汁直接流进他的口中。"话一说完，两道奶汁直直喷射而出，如同白莲花，进入如来的口中。摩耶夫人见了，无限欢喜，心花怒放，五体投地，专心正念，心中的郁结一下消失。佛为摩耶夫人说法，夫人得到须陀洹果。佛在天上，种种利益，不可详述。那时，世尊三月雨安居结束，要回到阎浮提洲。佛放射出五色光芒，辉煌明亮。天帝释知道佛要从天上下来，便命令鬼神，造作三道宝阶。中间一道用阎浮檀金造，左边一道用琉璃造，右边一道用玛瑙造，栏杆雕镂，非常华丽。佛对摩耶夫人说："生死之法，有相聚就有分离。我现在要回到阎浮提洲，不久将入般涅槃。"摩耶夫人含着眼泪说偈言。

那时，世尊与母亲告别，踏上宝阶。梵天王举华盖，四位天王伺候在左右，四部大众歌唱赞颂，天神们既歌且舞，音乐声充满天空。散花烧香，前引后从，佛从天上来到阎浮提洲。国王波斯匿以及一切大众，集合在宝阶下，向佛致敬，迎接佛的到来。佛回到祇园精舍师子座，四众围绕，欢喜踊跃，不可细说。

又《观佛三昧经》讲：父王对佛说："你应当到忉利天为母亲说法。"佛说："应当像转轮王一样行法，问一下施主们。"这时持地菩萨入首楞严禅定，从金刚际做金刚花，花花相连。四条龙各持七宝台。持地菩萨为佛做三道宝阶。世尊到后，进入王宫。世尊身上的白毫相光变化成七宝盖，罩在母亲头上。世尊又做七宝床，请母亲坐下。

又《六度集经》讲：从前菩萨是一位大财主，有上亿的财产。他常奉事三宝，对众生非常慈善。他在市上见到一只鳖，心中可怜，便问价钱。鳖主知道菩萨心肠慈善，就回答说："一百万。"菩萨说："好。"将鳖买下，带回家，在水边把鳖放掉。看着鳖游远，菩萨又悲又喜，心里发誓道："愿遭受厄难的众生，生命都得到保全，像你今天一样！"菩萨广起宏愿，诸佛称赞。

后来，一天夜里，鳖来啃菩萨家的门。菩萨奇怪门下有声，出门来，看见鳖。鳖对菩萨说："我受您救命之恩，生命得以保全，无以报答。住在水中的生物，知道水涨水落。洪水快到，将成为一场大灾难。请您赶紧准备好船，到时候我来接您。"菩萨说："好。"第二天一早，菩萨到王宫门前，报告了国王。国王因为菩萨一直有善名，相信他说的话，搬迁到了高处。

到洪水来那天，鳖来告诉菩萨："洪水来啦，你快上船。跟着我走，就没有危险。"船跟在鳖后面，有一条蛇，游到船前。菩萨说："救它上来吧。"鳖说："好。"又看见水中的一只狐狸，菩萨说："救它上来吧。"鳖又说:"好。"又看见水中有一个落水人,仰天呼喊救命,菩萨说:"把他救上来吧。"鳖说:"小心,别让他上船来。人心虚伪,少有讲信用的,忘恩负义,趋炎附势,做得出凶恶忤逆的事。"菩萨说:"兽类你都救济,人类的生命我要是不看重,这难道说得上是仁慈?我不忍心这样做。"于是他把这人救了上来。鳖说:"您要后悔的!"船行到高处,鳖告辞道:"我报答了您的恩情,我要回去了。"菩萨说:"我如果获得如来无上至真等正觉,我一定来度化你。"鳖说:"那好。"

鳖走了,蛇和狐狸也各自走了。狐狸住在洞穴里,发现古人所藏紫磨金百斤,高兴地说:"我应当用这金子报答恩人。"狐狸报告菩萨说:"我受到您的恩惠,生命才获救。我是穴居的野兽,寻找洞穴,做我的安身处,在洞穴里得到金子一百斤。这洞穴不是人的坟墓,也不是谁的家,这金子不是抢的,也不是偷的,是因为我的诚心所至而发现的,我愿意把它献给您。"菩萨心想:我不要这金子,金子也白白浪费了,对穷人们没有好处。收下布施给大家,大家得到救济,不也是件好事吗?于是他收下了金子。

那个落水人见到此事,说:"把金子分一半给我。"菩萨给了他十斤。这人说:"你挖掘坟墓,盗窃金子,该当何罪?不给我一半,我一定要报告官府。"菩萨回答说:"穷人们困难,我要把这金子平均地分给穷人。你却想一人独得,这不太过分了吗?"落水人便报告了官府。菩萨被抓起来,没有地方可以申诉,只是归命三宝,悔过自责:只愿众生早日脱离八难,莫结仇冤,跟自己现在一样。

狐狸碰上蛇,说:"这事怎么办呢?"蛇说:"我去救他。"蛇衔上药草,钻进监狱。蛇见菩萨形容憔悴,心里很难过,对菩萨说:"您把这药随身藏好。我将去咬太子,太子中的毒会非常厉害,没有能救他的人。您用这药去求见国王,把药敷上,太子的伤就立刻会治好。"菩萨没说话。蛇果然照它所说去做了,太子命在旦夕。国王发令:"有谁能救太子的命,我封他做相国,与他共同治理国家。"菩萨让人报告国王,太子敷上他的药,立刻就好了。国王十分高兴,问起这药的来历,菩萨原原本本讲了事情经过。国王怅然自责:我真是糊涂!立即下令杀掉了那个落水人,又大赦其国。国王封菩萨做相国,携手进入王宫,并坐谈论佛法,国家由此太平无事。

佛告诉众沙门:"财主就是我。国王就是弥勒。鳖就是阿难。狐狸就是秋露子。蛇就是目连。落水人就是调达。菩萨慈悲,救度无极,这样实行布施。"

又《新婆沙论》讲:从前犍陀罗国迦腻色迦王有

一个宦官，平常管理宫内的事，一次临时走出城外，看见一群牛，有五百多头。他回到城内，问赶牛的人："这是做什么用的牛？"赶牛人回答："这些牛将送去骟掉。"宦官心里想：我自己因为前世的恶业，今世得的是不男不女身。我应该用钱救这些牛脱离此难。于是他便用钱将牛买下，全数放掉。由于做了这件善业，这个宦官立即获得男身。他非常高兴，回到城里，停立在王宫门前，让人报告，要见迦腻色迦王。迦腻色迦王把他叫进去，觉得奇怪，问他原因。他一一报告了经过。迦腻色迦王十分惊喜，赏赐了他许多珍宝，封他做高官，管理宫外的事情。

6　愚戆篇第五十九

杂痴部第三

原典

打蚊

《十诵律》云，佛为诸比丘说《本生经》云：过去有秃头染衣人，共儿持衣诣水边，浣衣已，捩晒持归。尔时大热，眼暗，道中见一树，便以衣囊枕头下睡。有蚊子来，饮其头血。儿见己父疲极睡卧，便发恶骂云："是弊恶微陋蚊子，何以故来饮我父血！"即持大棒，欲打蚊子。蚊子飞去，棒着父头即死。时此树神便说偈言：

宁与智者仇，不与无智亲。

愚为父害蚊，蚊去破父头。

打蝇

《贤愚经》云：舍卫国[①]中有一老公出家。儿小即为沙弥。共父入村乞食，村远日暮，父老行迟。儿畏毒兽，急扶其父，推父堕地，应时而死。佛言："我知汝心无有恶意，不得杀罪。此由过去父病睡卧，多有飞蝇，数来恼触。父令逐蝇，蝇来儿额。以杖打之，即杀其儿。亦非恶意，今还相报。"

救月

《僧祇律》云，佛告诸比丘：过去世时，有城名波罗柰，国名伽尸。于空闲处，有五百猕猴，游行林中，到一尼俱律树下。树下有井，井中有月影现。时猕猴主见是月影，语诸伴言："月今日死，落在井中，当共出之，莫令世间长夜暗冥。"共作议言，云何能出。时猕猴主言："我知出法。我捉树枝，汝捉我尾，展转相连，乃可出之。"时诸猕猴，即如主语，展转相捉。小未至水，连猕猴重，树弱枝折，一切猕猴堕井水中。尔时树神便说偈言：

是等骇榛兽，痴众共相随，
坐自生苦恼，何能救出月！

佛告诸比丘："尔时猕猴主者，今提婆达多是。尔时猕猴者，今六群比丘是。尔时已曾更相随顺，受诸苦恼，今复如是。"

妒影

《杂譬喻经》云：夫妇二人，向蒲萄酒瓮内欲取酒。夫妻两人互相见人影。二人相妒，谓瓮内藏人。二人相打，生死不休。时有道人，为打破瓮，酒尽了无。二人意解，知影怀愧。比丘为说法要，夫妇俱得阿惟越致[2]。佛以为喻：见影斗者，譬三界[3]人，不识五阴[4]四大[5]苦空，身有三毒[6]，生死不绝。

分衣

《十诵律》云：佛在憍萨罗国[7]与大比丘僧安居。有两老比丘，夏罢得多施物。自念人少物多，不敢分之，恐其得罪。跋难陀比丘知往与分，问二比丘言："汝得衣分未耶？"答："未分。"二老比丘问言："汝能分不？"答言："能，是中应作羯磨[8]。"即持衣物，来置其前。跋难陀分作三聚，是二比丘间着一聚，自向二聚衣间立，言：汝听作羯磨：

汝二人一聚，如是汝有三；
两聚并及我，如是我有三。

问："是羯磨好不？"答言："善。"跋难陀担衣欲去。彼比丘言："大德上座，我等衣物未分。"跋难陀言："与汝分，知法人应与一好衣。"彼言："当与。"跋难陀是聚中取大价衣着一处，余分作二分，与已担去。

诸比丘闻已白佛，佛广呵责已，告诸比丘：是跋难陀非但今世夺，前世亦夺。乃过去世，一河曲中有二獭，河中得大鲤鱼，不能分，二獭守之。有野干来饮水，见獭语言："外甥是中作何等？"獭答言："阿舅，是河曲中得此鲤鱼，不能分。汝能分不？"野干言："能。"是中说偈，分作三分，即问獭言："汝谁喜入浅？"答言是某獭。"谁喜入深？"答言是某獭。野干言：汝听我说偈：

入浅应与尾，入深应与头；
中间身肉分，应与知法者。

野干衔鱼身来，雌者说偈：

汝何处衔来？满口河中得。

如是无头尾，鲤鱼好肉食！

　　雄野干说偈言：

　　　　人有相言击，不知分别法。
　　　　能知分别者，如官藏所得。
　　　　无头尾鲤鱼，是故我得食！

　　佛语诸比丘："时二獭者，二老比丘是。野干者，跋难陀是。是跋难陀前世曾夺，今世复夺。"

造楼

　　《百喻经》云：往昔愚人，痴无所知，到余富家，见三重楼，高广严丽，即作是念：我有钱财，不减于彼，云何不造？即唤木匠，而问言曰："解作彼舍不？"木匠答言："是我所作。"即便语言："今为我造。"木匠即便经地、垒墼、作楼。愚人见墼，语木匠言："我不欲下二重，先为作最上屋！"木匠答言："无有是事。何有不作最下，造彼第二？不造第二，云何得造第三屋？"愚人固言："我不用下二，必为我作上。"时人闻已，便生怪笑。譬如世尊四辈弟子，不勤修敬三宝，懒惰懈怠，欲求道果，不欲下三果⑨，唯欲得第四阿罗汉果。亦为时人之所嗤笑，如彼愚者等无有异。不依三乘次第，先学大乘，亦复如是。故《佛藏经》云：不先学小乘，后学大乘者，非佛弟子。

磨刀

《百喻经》云：昔有一人，贫穷困苦，为王作事。日月经久，身体羸瘦。王见怜愍，赐一死驼。贫人得已，即便剥皮。嫌刀钝故，求石欲磨，乃于楼上得一磨石，磨石令利，来下而剥。如是数数往来磨刀，后转苦惮。不能上楼，悬驼上楼，就石磨刀，深为人笑。犹如愚人，毁破禁戒，多取钱财，以用修福，望得生天，反得其殃，如悬骆驼上楼磨刀，用功甚多，所得甚少。

卖香

《百喻经》云：昔有长者，入海取沉水香，积有年载，方得一车。诣市卖之，以其贵故，卒无买者。多日不售，心生疲厌。见人卖炭，时得速售，便烧作炭，不得半车价直。世间愚人亦复如是，无量方便，勤求佛果，以其难得，便生退心，不如发心求声闻果，速断生死，作阿罗汉。

赌饼

《百喻经》云：昔者夫妇，有三番饼。夫妇共分，各食一饼，余一番在。共作要言：若有语者，要不与饼。既作要已，为一饼故，各不敢语。须臾有贼，入家偷盗取其财物。一切所有，尽毕贼手，夫妇二人以先要故，眼看不语。贼见不语，即其夫前，侵掠其妇。其夫眼见，亦复不语。妇便唤贼，语其夫言："云何痴人为一饼故，见贼不唤？"其夫拍手笑言："咄，婢，我定得饼，不复与尔！"世人闻之，不无嗤笑。凡夫之人，亦复如是，为小名利，诈现静默，为虚假烦恼种种恶贼之所侵掠，丧其善法，遂堕三涂⑩，都不怖畏，求出世道，方于五欲耽着嬉戏。虽遭大苦，不以为患。如彼愚人等无有异。

畏妇

《百喻经》云：昔有一人，娉娶二妇。若近其一，为一所嗔。不能裁断，便在二妇中间正身仰卧。值天大雨，屋舍霖漏，水土俱下，堕其眼中。以先有要，不敢起避，遂令二目俱失其明。世间凡夫亦复如是，亲近邪友，习行非法，造作结业，堕三恶道。长处生死，丧智慧眼。如彼愚夫，为其二妇故二眼俱失。"

掩米

《百喻经》云：昔有一人，至妇家舍，见其捣米，便往其所，偷米掩之。妇来见夫，欲共其语。满口中米，都不应和。羞其妇故，不肯弃之，是以不语。妇怪不语，以手摸看，谓其口肿，语其父言："我夫始来，卒得口肿，都不能语。"其父即便唤医治之。时医言曰："此病最重，状似石痈，以刀抉之，可得差耳。"即便以刀抉破其口，米从中出，其事彰露。世间之人亦复如是，作诸恶行，犯于净戒，覆藏其过，不肯发露，堕于地狱、畜生、饿鬼。如彼愚人以小羞故，不肯吐米，以刀抉口，乃显其过。

效眴

《百喻经》云：昔有一人，欲得王意，问余人言："云何得之？"有人语言："若欲得意，王形相汝当效之。"此人见王眼眴，便效王眴。王问之言："汝为病耶？为着风耶？何以眼眴？"其人答王："我不病眼，亦不着风，欲得王意，见王眼眴，故效王也。"王闻是语，即大嗔恚，使人加害摈令出国。世人亦尔。于佛法中欲得亲近，求其善法，以自增长。既得亲近，不解如来法王为众生故，种种方便，现其短阙，便生讥毁，效其不是。由是之故，于佛法中永失其善，堕于三恶，如彼效王，亦复如是。

怖树

《百喻经》云：譬如野干[11]，在于树下。风吹枝折，堕其脊上，即便闭目，不欲看树。舍弃而走，到于露地，乃至日暮，亦不肯来。遥见风吹大树，枝柯动摇上下，便言："唤我还来树下。"愚痴弟子亦复如是，已得出家，得近师长，以小呵责，即便逃走。复于后时，遇恶知识，恼乱不已，方还师所。如是去来，是为愚惑。

注释

①**舍卫国**：印度古城国。译名又作"室罗伐"或"室罗伐悉底国"。城内有给孤独长者布施给佛的祇园精舍，释迦牟尼成佛后，常住在此。

②**阿惟越致**：梵文的意思是"不退转"。菩萨修行的阶位，进步至此，可不退堕恶趣及二乘地。

③**三界**：佛教把有情众生所居的世界分为欲界、色界和无色界三大部分，合称三界。

④**五阴**：又译"五蕴"。佛教认为，世间一切有情，

都是由五种成分，即"五阴"和合而成。五蕴是：色蕴、受蕴、想蕴、行蕴、识蕴。

⑤**四大**：印度古代，把地、水、火、风称作"四大"，认为它们是构成物质世界的四种基本元素。

⑥**三毒**：佛教把贪、嗔、痴称为"三毒"，认为它们能毒害众生，产生烦恼和导致恶业。

⑦**憍萨罗国**：古印度十六大国之一，都城就是舍卫城。参见前"舍卫国"条注（本书页一四七，注①）。

⑧**羯磨**：梵文词的音译，意译为"业"。义指"办事""行为"等。这里指僧人们依照佛教戒律的规定，为处理僧人个人或集体的事务而举行的活动或仪式。

⑨**三果**：佛教认为，修行可依次获得四种果位。第三果为"不还果"，第四果为"阿罗汉果"，要得到阿罗汉果，必须先修得不还果。

⑩**三涂**：又称"三恶趣""三恶道"，指地狱、饿鬼、畜生三种恶途，堕落于此，痛苦无穷。

⑪**野干**："干"字又写作"犴"，又称胡狼。梵语Śrgāla，音译悉伽罗，此云野干，似狐而小，形色青黄，如狗群行，夜鸣如狼。

译文

打蚊

《十诵律》讲，佛为众比丘说《本生经》道：过去有一位秃头的染衣匠，和儿子一起，拿上衣裳去水边，漂洗完，绞干，晒过，带回家。那天天气很热，染衣匠两眼发花，瞧见路上有棵树，便将衣包枕在头下，睡起觉来。蚊子飞来，吸他头上的血。染衣匠的儿子见父亲累得睡着了，便恶声骂道："这讨厌的小蚊子，为何来吸我父亲的血！"他拿起根大棒，要打蚊子。蚊子飞走，棒打在父亲的头上，父亲当时就死了。这时树神便说偈言道：

宁跟聪明人做仇人，不跟笨蛋做朋友。
笨儿子为父亲打蚊子，蚊子飞走，打破了父亲的头。

打蝇

《贤愚经》说：舍卫国中有一位老人，出了家。他有一个儿子，年龄小，就做沙弥。父子俩一次进村乞食，村庄远，时间已晚，父亲年老，走得慢。儿子怕有野兽来，扶着父亲，急急忙忙往前赶，一下把父亲推倒在地，父亲当时就死了。佛说："我知道你心里没有恶意，不算你犯了杀人罪。这是由于前世父亲因病睡卧时，有许多飞蝇反复来骚扰。父亲让人赶走苍蝇，苍蝇飞到儿子的头上。用棍子打去，就把儿子打死了。父亲也是没有恶意，现在成为报应。"

救月

《僧祇律》讲，佛告诉众比丘说：过去世时，有一座城市叫波罗奈，国家的名字叫伽尸。在一处空闲的地方，有五百猕猴，在树林中游玩，来到一棵尼俱律树下。树下有一口井，井中映出月亮的影子。猕猴王看见月影，对伙伴们说："月亮今天死了，掉在井中，我们应当把它捞起来，别让这世界整夜都黑黑沉沉的。"猕猴们商量，怎样才能把月亮捞出来。猕猴王说："我知道个办法。我捉住树枝，你捉住我的尾巴，一个拉住一个，就可以把月亮捞出来。"于是猕猴们就照猴王所说，一个拉一个。刚离水面不远，拉着的猕猴们重量太沉，树软枝折，猕猴们全部掉进井水中。这时树神便说偈言道：

> 此等愚蠢的野兽，一个拉一个，
> 都因为自寻烦恼，哪能救月亮！

佛告诉众比丘："那时的猕猴王，就是今天的提婆达多。那时的猕猴们，就是今天的六群比丘。那时他们就已经跟随他，受各种苦恼，今天还是这样。"

妒影

《杂譬喻经》讲：有夫妇二人，一块去葡萄酒缸里取酒。夫妻俩都在酒缸里看见了相互的影子。两人心生嫉妒，认为对方在酒缸里藏着人。两人打了起来，打得你死我活。这时来了一位道人，将酒缸打破，酒流出一地，什么都没有。两人这才明白是影子，心中暗暗惭愧。比丘于是为他们讲说佛法，夫妇二人都得到阿惟越致。佛用这个来做比喻："那些见到影子就打起来的，就好比三界中的人，不知道五阴、四大都是苦和空，自身被三毒缠绕，生死不绝。"

分衣

《十诵律》讲：佛在憍萨罗国，和大比丘僧做雨安居。安居结束时，有两位老比丘，得到很多布施的衣物。他们心想，人少物多，不敢分掉，害怕因此而获罪。跋难陀比丘知道了这事，就去了，问两位比丘道：

"你们得了衣物，分掉了吗？"回答："还没分掉。"二位老比丘问："你能分吗？"回答："能，这中间得举行仪式。"于是把衣物拿来放在面前。跋难陀把衣物分作三堆，两位比丘间放一堆，自己则站在另外两堆之间，说道：你们听我作做式：

你二人加一堆，你们总数是三；
两堆加我一人，我总数也是三。

跋难陀又问："这仪式好吗？"答："好。"跋难陀拿上衣物要走。两位比丘说："大德上座，我们这一堆衣物还没分作两份呢。"跋难陀说："我帮你们分开，但知法的人，还应该得到一件好衣物。"比丘说："是该得到。"跋难陀从衣堆中取出一件值钱的衣物，放一边，再把剩下的分作二份，给了比丘，然后拿上自己的而去。

众比丘听说这事，便报告了佛。佛责备了跋难陀，然后说道：这个跋难陀，不但是今世抢夺人家的东西，前世也抢夺人家的东西。过去很久以前，一处河湾里，有两只水獭，从河中抓到一条大鲤鱼，不知道该怎么分，两只水獭只好把鱼守着。这时有一只狐狸来河边喝水，看见水獭，便问："外甥们在这儿做什么？"水獭回答："阿舅，我们在河湾里抓到这条鲤鱼，不知道该怎么分。你能分吗？"狐狸说："能。"于是说一偈言，把鱼分作三份，问水獭："你们谁喜欢游浅水？"水獭回答是谁。又问："谁喜欢游深水？"水獭又回答是谁。狐狸说：你们听我说偈言：

　　游浅水的给尾，游深水的给头；
　　中间一段肉，应给知法者。

狐狸把鱼身衔回家，雌狐狸说偈言道：

　　你从何处衔来？满口说河中得到。
　　这鱼无头无尾，鲤鱼肉真是好吃！

雄狐狸说偈言道：

　　有人在互相争执，不知道分别方法。
　　能知道分别方法，就像从公家得来。
　　无头无尾的鲤鱼，因此该归我俩！

佛对众比丘说："那时的那两只水獭，就是两个老比丘。狐狸，就是跋难陀。这跋难陀前世就曾抢夺人家的东西，今世还抢夺人家的东西。"

造楼

《百喻经》讲：以前有位愚人，什么都不知道，到了一个富人家，看见有三重楼，高广华丽，心里想：我的财产，不比他少，为什么不也造一座三重楼？他立即唤来木匠，问道："你会造那样的楼吗？"木匠回答："那就是我造的。"愚人说："你现在给我造一座那样的楼。"于是木匠便量地、叠砖、造楼。愚人见木匠在叠砖，对木匠说："我不要下面二层，先给我造最上一层！"木匠回答："没这样的事。哪有不造好最下一层，就造第二层？没造好第二层，说什么造第三层？"愚人坚持说："我不要下面二层，你一定得给我造最上一层。"人们听说了这事，都说好笑。这譬如世尊的四众弟子，不勤修持，敬重三宝，懒惰懈怠，要想求得道果，不想循序从三果（预流果、一来果、不还果），就想得到第四阿罗汉果。这也会被人们所讥笑，与那位愚人没有两样。（不按照三乘的次序，先学大乘，也是这样。因此《佛藏经》说：不先学小乘，后学大乘的人，不是佛的弟子。）

磨刀

《百喻经》讲：从前有一人，贫穷困苦，为国王做事。时间长了，身体羸弱。国王看见，可怜他，赏给他一只死驼。贫人得到骆驼，就要剥皮。他嫌刀钝，找石磨刀，在楼上找到一块磨刀石，磨快刀，然后下楼剥皮。这样来回往来磨刀，越来越累。终于不能上楼，就把骆驼吊上楼，将就石头好磨刀，深为人笑。就像愚人毁破禁戒，多取钱财，用钱财来修福，希望转生天上，反得祸害，如同把骆驼吊上楼去将就磨刀，用功很多，所得很少。

卖香

《百喻经》讲：从前有一位长者，入海取沉香木，经过数年，才得到一车。他送到市上去卖，因为太贵，最后也没有人买。好多天都卖不掉，他心中厌烦，看见人家卖炭，很快就卖掉，便将沉香木烧作木炭，所得不及半车沉香木的价钱。世间的愚人也是这样，用无数的方法，勤求佛果，由于佛果难得，便生出退心，认为不如发心求声闻果，速断生死，做阿罗汉。

赌饼

《百喻经》讲：从前有一对夫妇，有三块饼。夫妇俩共分，各吃了一块，还剩一块。两人约定：谁要开口说了话，饼就不归谁。约好以后，为这一块饼，各自都不敢再说话。没有一会儿，一个贼进了屋，偷盗他们的财物。一切东西，都进了贼手，可是夫妇二人因为有约在先，眼睁睁看着，都不说话。贼见没人说话，就在丈夫面前，对妻子动起手脚来。丈夫看见，还是不说话。妻子大喊捉贼，对丈夫说："你真是个蠢人！为了一块饼，看见贼都不叫。"丈夫拍手笑道："哈哈，你这个女子，这饼该归我了！我不给你吃！"人们听说这事，无不笑话。凡夫之人，也是这样，为了小小的名利，装作不说话，因此被虚假烦恼种种恶贼侵害，丧失善法，堕入三途，不知道害怕，求出世道，却沉溺在五欲之中，嬉戏玩耍。虽然遭受大苦，不以为患。这和那个愚人没有两样。

畏妇

《百喻经》讲：从前有一人，娶了两个老婆。要是他亲近其中一个，另一个便不高兴。他也没法决定究竟该亲近哪一个，于是只能在两个老婆中间直着身子仰卧。恰好这天下大雨，屋顶漏水，雨水混杂着尘土一起往下流，掉到他的眼睛里。他因为有约在先，不敢起来躲避，两只眼睛都瞎了。世上的凡夫也是这样，亲近邪友，所行非法，造作恶业，堕入三恶道。长久处在生死之间，丧失了智慧的眼睛。就像那个愚蠢的丈夫为了两个老婆而弄瞎了双眼。

掩米

《百喻经》讲：从前有一人，到他媳妇本家，见媳妇家在捣米，便去捣米处，偷了米，用嘴含住。媳妇来见，要跟他说话。丈夫满嘴是米，没法答应。他怕他媳妇羞他，还不肯吐出来，因此不说话。媳妇奇怪他为什么不说话，用手摸，又看，以为他是口肿，对她父亲说："我丈夫刚到，突然得了口肿病，不能说话了。"媳妇父亲就找来医生治病。医生说："这病很重，瞧着像是石痈，得用刀划开，才能治好。"于是便用刀划开这人的嘴，米从嘴中掉出，事情暴露。世间的人也是这样，造作种种恶行，违反净戒，又要掩盖其过失，不肯暴露，最后堕入地狱、畜生、饿鬼之道。就像这位愚人，因为一点小小的怕羞，不肯吐米，等到用刀划开，过失就暴露出来了。

学眨眼

《百喻经》讲：从前有一人，想讨国王的喜欢，问别的人："有什么办法，可以讨国王喜欢？"有人告诉他:"你要想讨国王的欢心,国王做什么,你就做什么。"于是这人就来到国王跟前,看见国王眨眼,他跟着也眨眼。国王问他:"你是生病了还是怎么?是着风还是怎么?为什么眨眼?"他回答说:"我眼睛没毛病,也不着风,只是想讨大王喜欢,所以跟着眨眼。"国王听这样一说,大为生气,命令人狠狠地惩罚他,把他赶出了国。世上的人也是如此。要想跟佛法中人亲近,求其善法,让善法在自己身上不断增长。既得以亲近,却不知道如来法王为了众生,以种种办法,显示出短失,便心生讥嘲,模仿其不是之处。由于这一原因,在佛法中永远失掉善法,堕入三恶道,就像那个人学国王眨眼一样。

怖树

《百喻经》讲:譬如一只狐狸,住在大树下。风吹枝折,掉在脊背上,就闭上眼睛,不敢再看树。它弃树而走,到了一处空地,一直到天黑,还不敢回去。远远望见风吹大树,树枝摇动,便说:"这是在唤我还回树下去。"愚痴弟子也是这样,已经出家,得以亲近师长,因为受了小小的批评,就要逃走。再后来遇上坏朋友,烦恼不已,才回到老师那儿。这样去去来来,真是愚蠢。

7　诈伪篇第六十

诈畜部第六

原典

如旧《杂譬喻经》云：昔有妇人，富有金银，与男子交通，尽取金银衣物相逐俱去。到一急水河边，男子语言："汝持财物来，我先度之，当还迎汝。"男子度已，便走不还。妇人独住水边，忧苦无人可救。唯见一野狐捕得一鹰，复见河鱼，舍鹰拾鱼。鱼既不得，复失本鹰。妇语狐曰："汝何太痴！贪捕其两，不得其一。"狐言："我痴尚可，汝痴剧我也。"

又《僧祇律》云，佛告诸比丘：过去世时，非时连雨，七日不止，诸放牧者，七日不出。时有饿狼，饥行求食。遍历七村，都无所得。便自克责：我何薄相，经历七村，都无所得。不如守斋，住还山林。自于窟穴祝愿言：使一切众生，皆得安隐！然后摄身，安坐闭目。

帝释至斋日，乘伊罗白龙象，观察世间，持戒破戒，到彼山窟，见狼闭目思维，便作是念：咄哉！狼兽甚为奇特。人尚无此心，况此狼兽而能如是！便欲试之，知其虚实。释即变身化为一羊，在窟前住，高声命群。狼时见羊，便作是念：奇哉！斋福报应忽至。我游七村，求食不获，今暂守斋，肴膳自来。厨供已到，但当食已，然后守斋。即便出穴，往趣羊所。羊见狼来，便惊骋走。狼便寻逐，羊去不住。追之既远，羊化为狗，方口耽耳，反来逐狼，急声唤之。狼见狗来，惊怖还走。狗急追之，劣乃得免，还至窟中，便作念言：我欲食彼，反欲啖我。尔时帝释便于狼前作跛脚羊，鸣唤而住。狼作是念：前者是狗，我饥闷眼花，谓为是羊。今所见者，此真是羊。复更谛观，看耳角尾，真实是羊，便出往趣。羊复惊走，骋逐垂得，复化作狗，反还逐狼，亦复如前。我欲食彼，反欲见啖。时天帝释即于狼前化为羔子，鸣群唤母。狼便嗔言："汝作肉段，我尚不出，况为羔子而欲见欺？"还更守斋，静心思维。时天帝释知狼心念还斋，犹作羊羔，于狼前住。狼便说偈言：

若真实是羊，犹故不能出。
况复作虚妄，如前恐怖我？
见我还斋已，汝复来见试。
假使为肉段，犹尚不可信。
况作羔羊子，而诈唤咩咩？

于是世尊而说偈言：

若有出家人，持戒心转漂，
不能舍利养，犹如狼守斋。

又《五分律》云：佛告诸比丘：乃往古昔，有一摩纳[①]，在山窟中诵刹利书[②]。有一野狐，住其左右，专听诵书，心有所解，作是念言：我解此书语，足堪作诸兽中王。作是念已，便起游行。逢羸瘦野狐，便欲杀之。彼言："何故杀我？"答言："我是兽王。汝不伏我，是以相杀。"彼言："愿莫杀我，我当随从。"于是二狐便共游行。复逢一狐，又欲杀之。问答如上，亦言随从。

如是展转，伏一切狐。便以群狐，伏一切象。复以众象，伏一切虎。复以众虎，伏一切师子，遂权得为王。既作王已，复作是念：我今为兽中王，不应以兽为妇。便乘白象，率诸群兽，不可称数，围迦夷城，数百千匝。王遣使问："汝诸群兽，何故如是？"野狐答言："我是兽王，应娶汝女。与我者善，若不与我，当灭汝国。"还白如此，王集群臣共议。唯除一臣，皆云应与。所以者何？国之所恃，唯赖象马。我有象马，彼有师子。象马闻气，惶怖伏地。战必不如，为兽所灭。何惜一女，而丧一国？时一大臣，聪睿远略，而白王言："臣观古今，未曾闻见人王之女与下贱兽。臣虽弱昧，要杀此狐，使诸群兽各各散走。"王即问言："计将焉出？"大臣答言："王但克期战日，先当从彼求索一愿，愿令师子先战后吼。彼谓吾畏，必令师子先吼后战。王至战日，当敕城内，皆令塞耳。"

王用其语，遣使克期，并求上愿。至于战日，复遣信求，然后出军。军锋欲交，野狐果令师子先吼。野狐闻之，心破七分，便于象上坠落于地。于是群兽一时散走。佛以是事而说偈言：

野狐憍慢盛，欲求其眷属。
行到迦夷城，自称是兽王。
人憍亦如是，领统于徒众，
在摩竭之国，法主以自号。

尔时迦夷王者，我身是。聪睿大臣者，舍利弗是。野狐王者，调达是。诸比丘！调达往昔诈得眷属，今亦如是。故佛说偈云：

善人共会易，恶人共会难；
恶人共会易，善人共会难。

又《佛本行经》云，尔时，佛告诸比丘言：我念往昔，有一河名波利耶多。_{隋言彼节}时彼河岸有一人，是结华鬘师。其人有园，在彼河侧。而彼河内，时有一龟，从水而出，至华园中，求食而行。处处经历，蹋坏其华。时彼园主，见龟坏华，即捉置于一筐箧中，将欲杀食。

彼龟作念：云何得脱此难？作何方便，诳此园主？即向园主而说偈言：

我从水出身有泥，汝且置华洗我体。
我身既有泥不净，恐畏污汝箧及华。

时彼园主，作如是念：善哉此龟！善言教我。今不得不取其言。我洗其身，勿令泥污我之华箧。作是念已，即手执龟，将向水所，欲洗龟身。是时彼人，即提龟出，置于石上，抄水欲洗。是时彼龟，出大筋力，忽投没水。时华鬘师见龟没水，作如是言："奇哉是龟。乃能如是诳逗于我。我今还可诱诳是龟，使令出水。"时华鬘师即向彼龟而说偈言：

贤龟谛听我作意，汝今亲旧甚众多；
我作华鬘系汝咽，恣汝归家作喜乐！

尔时彼龟作如是念：此华鬘师，妄言诳我。彼师母患着床，其妹采华造鬘，欲卖以用活命。今作是言，定是诳我。欲食我，故诱我出耳。是时彼龟向华鬘师而说偈言：

汝家造酒欲会亲，广作种种诸味食。
汝至家内作是语：龟肉煮已脂糩头！

尔时佛告诸比丘言："汝诸比丘！欲知彼时入水龟者，我身是也。华鬘师者，魔波旬是。其于尔时欲诳惑于我，而不能着，今复欲诳，何由可得？"

又佛告诸比丘言：我念往昔，于大海中，有一大虬。其虬有妇，身正怀妊，忽然思欲猕猴心食。以是因缘，其身羸瘦，痿黄踠转，颤栗不安。时彼特虬，见妇身体如是羸瘦，无有颜色，见已问言："贤善仁者，汝何所患？欲思何食？我不闻汝从我索食，何故如是？"时其牸虬，默然不报。其夫复问："汝今何故不向我道？"妇报夫言："汝若能与，我随心愿，我当说之。若不能者，我何暇说？"夫复答言："汝但说看，若可得理，我当方便，会觅令得。"妇即语言："我今意思猕猴心食，汝能得不？"夫即报言："汝所须者，此事甚难。所以者何？我居大海，猴在山树，何由可得？"妇言："奈何？若不得是物，此胎必堕，我身不久恐取命终。"是时其夫复语妇言:"贤善仁者,汝且容忍,我今求去。若成此事,深不可言,则我与汝并皆庆快。"

尔时彼虬即从海出,至于岸上。去岸不远,有一大树,名优昙婆罗。_{隋言求愿}时彼树上有一大猕猴,在于树头取果子食。是时彼虬既见猕猴在树上坐食于树子,见已渐渐到于树下。到已即便共相慰喻,以美语言,问讯猕猴:"善哉!善哉!婆私师咤,在此树上作于何事?不甚辛勤,受苦恼耶?求食易得,无疲倦不?"猕猴报言:"如是仁者,我今不大受于苦恼。"虬复重更语猕猴言:"汝在此处何所食啖?"猕猴报言:"我在优昙婆罗树上,食啖其子。"是时虬复语猕猴言:"我今见汝,甚大欢喜,遍满身体,不能自胜。我欲将汝作于善友,共相爱敬。汝取我语,何须住此?又复此树子少无多,云何乃能此处愿乐?汝可下来,随逐于我,我当将汝度海。彼岸别有大林,种种诸树,华果丰饶。"猕猴问言:"我云何得至彼处?海水深广,甚难越度,云何堪度?"是时彼虬报猕猴言:"我背负汝,将度彼岸。汝今但当从树下,来骑我背上。"尔时猕猴心无定故,狭劣愚痴,心生欢喜,从树而下,上虬背上,欲随虬去。其虬内心,生如是念:善哉善哉!我愿已成!

即欲相将至自居处,及猕猴俱没于水。猴问虬言:"善友何故忽没于水?"虬即报言:"我妇怀妊,彼如是思欲汝心食，以是因缘，我将汝来。"尔时猕猴作如是念：呜呼！我今甚不吉利，自取磨灭。作何方便，而得免此急速厄难，不失身命？复如是念：我须诳虬。作是念已，而语虬言："仁者善友，我心留在优昙婆罗树上寄着，不持将行。仁于当时，云何不依实语我知今须汝心？我于当时，即将相随。善友还回，放我取心，得已还来。"尔时彼虬闻猕猴语已，二俱还出。猕猴见虬欲出水岸，是时猕猴努力奋迅，捷疾跳踯，出大筋力，从虬背上跳下，上彼优昙大树之上。其虬在下，少时停待，见猴淹迟不下，而语之言："亲密善友，汝速下来，共汝相随，至于我家。"猕猴默然，不肯下树。虬见猕猴经久不下，而说偈言：

善友猕猴得心已，愿从树上速下来。
我当送汝至彼林，多饶种种诸果树。

尔时猕猴作是思维：此虬无智。即说偈言：

汝虬计校虽能宽，而心智虑甚狭劣。
汝但审谛自思忖，一切众类谁无心？
彼林虽复子丰饶，及诸庵罗等妙果。
我今意实不在彼，宁自食此优昙婆。

尔时佛告诸比丘言："当知彼时大猕猴者，我身是也。彼虬者，魔波旬是。彼时犹尚诳惑于我，而不能得。今复欲将世间五欲之事而来诱我，岂能动我此之坐处？"

又《杂宝藏经》云：昔有乌枭，共相怨憎。乌待昼日，知枭无见，踏杀群枭，散食其肉。枭便于夜，知乌眼暗，复啄群乌，开罩其腹，亦复散食。畏昼畏夜，无有竟已。

有一智乌，语众乌言："已为怨憎，不可求解，终相诛灭，势不两全。宜作方便，殄覆诸枭，然后我等可得欢乐。若其不尔，终为所败。"众乌答言："当作何方，得灭仇贼？"智乌答言："尔等众乌，拔我毛羽，啄破我头，我当设计，要令殄覆。"

即如其言。憔瘁形容，向枭穴外，而自悲鸣。闻其声已，便言："今尔何故破伤，来至我所？"乌语枭言："众乌仇我，不得生活。故来相投，以避怨恶。"

时枭怜愍，遂便养给。常与残肉，日月转久，毛羽平复。乌作微计，衔干树枝，并诸草木，着枭穴中，似如报恩。枭语乌言："何用是为？"乌即答言："孔穴之中，纯是冷石，用此草木，以御风寒。"枭以为尔，默然不答。而乌于是即求守孔穴，而作给使，令用报恩。时会暴雪，寒风猛盛，众枭率尔来集孔中。乌得其便，寻生欢喜。衔牧人火，用烧枭孔，众枭一时于孔焚灭。

尔时，诸天说偈言曰：

> 诸有宿嫌处，不应生体信。
> 如乌诈托善，焚灭众枭身！

又《六度集经》云：昔者菩萨为孔雀王，从妻五百。弃其旧匹，欲娶青雀为妻。其青雀唯食甘露好果，孔雀为妻日行取之。

其国王夫人有疾，梦睹孔雀，云其肉可为药。寤已启闻，王令猎士疾行索之。夫人曰："有能得之者，娉以季女，赐金千斤。"国诸猎士分布行索，睹孔雀王从一青雀，在常食处，即以蜜䴵，每处涂树。孔雀辄取以供其妻。射师以蜜䴵涂身，踞坐而候。孔雀取䴵，人应获之焉。孔雀曰："子之勤身，必为利也。吾示子金山，可为无尽之宝，子原吾命矣。"猎者又曰："大王赐吾千斤金，妻以季女，岂信汝言乎？克以送献汝矣。"

孔雀见王曰："大王怀仁，润无不周。愿纳微言，乞得少水。吾以慈咒，服之疾瘳矣。若其无效，受罪不晚。"王顺其意，夫人服之，众疾皆瘳，华色炜晔。宫人皆然。举国叹王弘慈，全孔雀之命，获延一国之寿。孔雀曰："愿得投身于彼大湖，并咒其水，率土黎民，众疾可瘳。若有疑妄，愿以杖捶吾足。"王曰："可。"孔雀如之。国人饮水，并皆得力。聋听，盲视，喑语，躄申,众疾皆然。夫人疾除,国人并得无病,兼无害孔雀之心。孔雀具知,向王陈曰:"受王生润之恩,吾报济一国之命。报毕乞退。"王曰:"可尔。"

雀即翔飞,升树重曰:"天下有三痴。"王曰:"何谓三耶?""一者吾痴,二者猎士痴,三者大王痴。"王曰:"愿释之也。"雀曰:"诸佛重戒,以色为火,烧身危命,贪色之由也。吾舍五百供养之妻,而贪青雀,索食供之,有如仆使。为狂罔所得,殆危身命。斯吾痴也。猎者之痴。吾至诚之言,舍一山之金,弃无穷之宝。信夫人邪伪之欺,望季女之妻。睹世狂愚,皆斯类矣。损佛真诚之戒,信鬼魅之欺,酒乐淫乱,或度破门之祸,或死入太山,其苦无数,思还为人,犹无羽之鸟欲飞升天,岂不难哉!淫妇之妖蛊,喻彼魑魅。靡不由之亡国危身,而愚夫尊之。万言无一诚也,而射师信之。斯谓猎者愚矣。王得天医,除一国疾,诸毒都灭,颜如盛华,巨细欣赖,而王放之。斯谓王愚矣。"

佛告舍利弗:"孔雀王者,自是之后,周旋八方,辄以神药慈心布施,愈众生病。孔雀王者,吾身是也。国王者,舍利弗是也。猎者,调达是也。夫人者,调达妇是。菩萨慈慧度无极,行布施如是。"

又《杂宝藏经》云,佛言:乃往过去时有莲华池,多有水鸟,在中而住。时有鹳雀,在于池中,徐步举

脚。诸鸟皆言:"此鸟善行,威仪徐序,不恼水性。"时有白鹅而说偈言:

> 举脚而徐步,音声极柔软。
> 欺诳于世间,谁不知谄谀!

鹳雀语言:"何为作此语?来共作亲善。"白鹅答言:"我知汝谄谀,终不亲善。"

汝欲知,尔时鹅王者,即我身是也。尔时鹳雀者,今提婆达多[③]是也。

又《杂宝藏经》云,佛言:于过去世,雪山之侧,有山鸡王,多将鸡众,而随从之。鸡冠极赤,身体甚白,语诸鸡言:"汝等远离城邑聚落,莫与人民之所啖食。我等多诸怨嫉,好自慎护。"时聚落中,有一猫子,闻彼有鸡,便往趣之。在于树下,徐行低视,而语鸡言:"我为汝妇,汝为我夫。而汝身形端正可爱,头上冠赤,身体俱白。我相承事,安隐快乐。"鸡说偈言:

> 猫子黄眼愚小物,触事怀害欲啖食。
> 不见有畜如此妇,而得寿命安隐者。

尔时鸡者,我身是也。尔时猫者,提婆达多是也。昔于过去欲诱诳我,今日亦复欲诱诳我,索我徒众。

注释

①**摩纳**：梵文词的音译。此指年轻的修行人,他们大多出身于婆罗门。

②**刹利书**：指刹帝利的书,传授有关刹帝利种姓的知识。

③**提婆达多**：即"调达"。见前"调达"条注(本书第七十六页,注③)。

译文

如同《杂譬喻经》所讲：从前有一个妇人,富有金银,与一个男子私通,带上她所有的金银和衣物,跟随男子而去。两人到了一条水流很急的河边,男子说："你把财物给我,我先过去,再过来接你。"男子过了河,便不再回来。妇人独自在河边,忧愁着急,没有人来救她,只看见一只野狐。野狐捉到一只鹰,又看见一条鱼,便舍鹰捉鱼。鱼没得到,鹰也飞了。妇人对野狐说："你真是太痴!贪心得到两样,却一样也没得到。"野狐说："我痴得还可以,你比我更痴呢!"

又《僧祇律》讲,佛告诉众比丘：过去世时,季节不对,连着七天,雨下个不停,放牧人七天没有出去。这时有一只狼,因为饥饿,在外找食。走了七座村庄,都无所得。它便自己责备自己：我真是没有福分，走了七座村庄，都一无所得。还不如守持斋戒，回到山林。狼回到洞里，发愿道：愿一切众生都得安乐！然后端正身子，闭目安坐。

这天正是斋戒日，帝释天骑着伊罗白龙象，巡察世间，看谁守戒，谁破戒，刚好到了那座山的洞窟，看见狼正在闭目沉思，心里想：嗬！这狼真是奇怪。人都没有此心，可是狼却能这样。帝释天于是想试一下，看是真是假。帝释天立即变化成一只羊，停在洞窟前边，高声呼喊伙伴。狼看见羊，心里想：奇妙奇妙！这斋戒的福报一下就来到。我走了七座村庄，找不到吃的，而今短短斋戒一会，美食自然就来了。既然食物已来，就先吃掉，然后再守持斋戒。狼便出了洞窟，往羊前扑去。羊见狼来，惊慌而逃。狼紧追在后，羊奔逃不停。渐追渐远，羊变化为狗，方口大耳，转过头来追狼，叫唤不停。狼见狗来，惊慌而走。狗紧紧追上，狼勉强逃脱，回到洞里，心里想：我想吃它，它反而要吃我。这时帝释天又在狼前变成一只跛脚羊，呜呜叫着。狼心里想：前一次是狗，我饿得两眼发花，以为是羊。现在看见的，可真是羊。狼又仔细看清耳朵、角和尾，真正是羊，便出洞扑去。羊又惊慌而走，狼刚要追上，羊又变为狗，反过来追狼，仍和以前一样。狼心里想：我要吃它，反而差点被它吃了。天帝释又在狼前变成一只羔羊，呜呜地叫母亲。狼狠狠地说："你就是变成一块肉，我也不出来了，何况变成一只羔羊来骗我？"狼仍然守持斋戒，静心沉思。天帝释知道狼心里想的是斋戒，仍然装作是只羔羊，来到狼前。狼便说偈言道：

若真的是羊，我也不出来。
何况是假的，如前来吓我？
见我还斋戒，你又来试我。
即使是块肉，我也不相信。
何况装羔羊，假作咩咩叫？

于是世尊说偈言道：

若有出家人，持戒心漂浮，
不能弃利养，犹如狼守斋。

又《五分律》讲：佛告诉众比丘：过去很久以前，有一位摩纳，在山中洞窟里读诵刹利书。有一只野狐狸，住在旁边，专心听诵，心中有所解悟，想：我已经懂得这书中的语言，够得上做兽中王了。这样想过以后，它便外出游行。它碰上一只瘦弱的野狐，要杀掉它。瘦野狐问："为什么要杀我？"野狐回答："我是兽王。你不降服，我便要杀掉你！"瘦野狐说："请别杀我，我愿意做你的随从。"于是两只狐狸便一起游行。又碰到一只狐狸，又要杀掉。又像以前一样问答，那只狐狸也说愿意做随从。

这样，野狐一个一个地降伏了所有的狐狸。又用狐狸降伏了所有的大象。又用大象降伏了所有的老虎。又用老虎降伏了所有的狮子，于是成为兽王。野狐做了王以后，心里想：我现在已经是兽王，不应该还以野兽做老婆。野狐便骑上白象，带上无数的野兽，把迦夷城紧紧围上数百千层。迦夷国王派使人问野狐："你们野兽为何如此？"野狐回答："我是兽王，应该娶你们国王的女儿。国王若把女儿给我便好，若不给我，我就灭掉你们的国家。"使人回来报告，国王召集群臣，商议怎么办。除了一位大臣，所有大臣都说应该把王女交给野狐。为什么呢？因为国家所依靠的，只有大象和马。我们有大象和马，对方有狮子。象、马闻着狮子的气味，害怕得伏在地上。若是打起仗来，必定不如对方，会被野兽所灭。何必为一个女子而丧失一个国家呢？这时那位反对的大臣，聪明而有谋略，对国王说："我看从古到今，从来没听说过有人王的女儿嫁给下贱的野兽的。我虽然力弱而不聪明，也要杀掉这只狐狸，让这群野兽各自散走。"国王便问："你有何计策？"大臣答道："大王只要订下交战的日期，先跟对方要求一件事，要狮子先战后吼。对方以为我们害怕，必定让狮子先吼后战。大王到了交战那天，命令城内的人都塞上耳朵。"

国王依照大臣所说，派人订下交战日期，并且要求对方答应上面的那件事。到了交战那天，又派人送信，再次要求，然后出军。两军将要交战，野狐果然命令狮子先吼。野狐一听狮子的吼声，心裂作七份，便从大象身上掉落在地。于是群兽一时散走。佛因此事而说偈言道：

> 野狐太骄傲，欲求得眷属。
> 来到迦夷城，自称是兽王。
> 有人也一样，统领众徒弟，
> 在摩揭陀国，自称是法王。

那时，那位迦夷国王就是我。聪明的大臣就是舍利弗。野狐王就是调达。各位比丘！调达过去靠欺骗得到眷属，今天还是这样。因此佛说偈言道：

> 善人共会易，恶人共会难；
> 恶人共会易，善人共会难。

又《佛本行经》讲，那时，佛告诉众比丘说：我记得很久以前，有一条河，名叫波利耶多（用大隋的话讲，意思是彼节）。河岸上住着一个人，是位花鬘师。

花鬘师有一座花园，就在河边。河里那时有一只乌龟，从水里爬出来，到花园里找食。乌龟到处乱爬，踏坏了园中的花。花园主看见乌龟踏坏他的花，就捉住了乌龟，放进一只筐里，准备把它杀了吃掉。

那只乌龟心里想：我怎样才能逃脱这场大祸呢？我有什么办法，可以骗这花园主？乌龟于是便对花园主说偈言道：

我从水出身有泥，你且置花洗我身。
我身有泥不干净，恐怕污你筐及花。

花园主这时心里想：这好乌龟！好话教我。我今天不得不听它的话。我把它洗干净，别让它身上的泥弄脏了我的花筐。花园主想过后，便用手捉起乌龟，拿到水边，打算把它洗干净。他把乌龟放在石头上，捧水要洗。乌龟使出气力，一下跳进水中。花鬘师看见乌龟跳进水中，说道："这乌龟真稀奇！能这样来骗我。我今天也骗骗这乌龟，让它从水里出来。"于是花鬘师也对乌龟说偈言道：

贤龟请你听我说，你今亲旧朋友多；
我做花鬘系你脖，你回家中多快乐！

这时乌龟心想：这花鬘师说谎骗我。他的师母生病在床，他的姐姐采花编结花鬘，卖掉花鬘好过日子。他今天说的这些话，一定在骗我。他想吃我，所以引诱我出来呢。于是乌龟又对花鬘师说偈言道：

你家设酒会亲戚，备下种种好饮食。
你回家中这样说：龟肉煮好拌饭粒！

这时佛告诉众比丘说："比丘们！你们要知道，那只跳进水里的乌龟就是我。花鬘师就是魔鬼波旬。魔鬼波旬那时就想欺骗我，没有得逞，现在又想来骗我，难道还可能得逞？"

佛又告诉众比丘说：我记得很久很久以前，在大海中有一条大虬龙。虬龙有妻，正怀着孕，忽然想吃猕猴的心。为这原因，雌虬身体瘦弱，面色发黄，颤抖不安。雄虬见雌虬身体这样瘦弱，没有颜色，便问："亲爱的，你生了什么病？要吃什么？你没跟我要过什么吃的，怎么回事呢？"雌虬沉默而不回答。丈夫又问："你怎么不跟我说话呢？"虬妻回答丈夫说："你要是能满足我的心愿，我就说。要是不能，我说又有什么用？"雄虬又说："你就说说看，要是可能，我就想办法去找到。"虬妻说："我现在想吃猕猴的心，你能找到吗？"雄虬说："你要这个东西，真是很难。为什么？我们住在大海里，猕猴住在山中树上，怎么可能得到呢？"虬妻说："怎么办呢？要是得不到这东西，我怀的胎必定会掉下来，我自己恐怕也活不久了。"雄虬又对虬妻说："亲爱的，你先忍耐一下，我现在就去找。若是成功了，不可以向外讲，我和你都高兴。"

于是雄虬从海中出来，到了岸上。离岸不远，有一棵大树，名叫优昙婆罗（用大隋的话讲，意思是求愿）。树上正有一只大猕猴，在树顶上找果子吃。雄虬见猕猴在树上坐着吃果子，便走近树下。到了树下，便向猕猴致以问候，雄虬用好话问猕猴道："善哉！善哉！婆私师咤，你在这树上做什么？是不是很辛苦呢？找吃的容易，感觉疲倦吗？"猕猴回答："先生，我不辛苦，没有苦恼。"雄虬又对猕猴说："你在这儿，吃什么呢？"猕猴回答："我在优昙婆罗树上，吃树果子。"雄虬又说："我今天见到你，真是太高兴，周身都舒畅了。我想与你做好朋友，互相爱敬。你听我的话，何必还住在这儿？再说这棵树上果子不多，怎么能说在此处长久安乐呢？你可以下树来跟我走，我将带你渡过大海。海的对岸，有一座大森林，林中有各种树木，花果丰饶。"猕猴问："我怎么能到那儿呢？海水深广，很难渡过，有什么办法吗？"雄虬回答猕猴："我背着你，把你渡过岸去。你现在只需从树上下来，骑在我背上。"此时猕猴因为心无恒定，愚蠢无知，心生欢喜，从树上下来，跳上虬背，要随虬去。雄虬心里想：善哉善哉！我的愿望成功了！

虬于是把猕猴带到自己住的地方，背上驮着猕猴，要沉下水去。猕猴问虬："好朋友，你怎么忽然要沉下水去？"雄虬回答："我媳妇怀孕了，想吃你的心，是这个原因，我才把你带到这里。"猕猴这时想：哎呀！我今天真是倒霉，自找灭亡了。有什么办法，可以逃出这危险，不丢性命呢？猕猴又想：我必须骗这雄虬。这样想过后，猕猴对虬说："好朋友，我的心留在优昙婆罗树上了，走时没有带上。你当时为什么不照实告诉我，如今需要你的心？我在当时就可以带上。好朋友你让我回去，把心取了再来。"雄虬听猕猴这样说后，便浮出水面。猕猴见虬快到岸边，赶紧奋力一跳，用大气力，从虬背上跳下，跳上优昙婆罗树。雄虬在树下等候了一阵，见猕猴老不下来，就说："亲爱的好朋友，你快下来，跟我一起到我家。"猕猴不答，也不下树。雄虬见猕猴久久不下来，就说偈言道：

　　猕猴好友得心已，请从树上快下来。
　　我要送你去彼林，种种果树多丰饶。

这时猕猴心想：这虬龙真愚蠢。猕猴即说偈言道：

　　虬龙计策虽然好，毕竟考虑不周到。

经典·7　诈伪篇第六十　179

> 你自好好想一想，一切众生谁无心？
>
> 彼林虽然多果子，以及庵罗等妙果。
>
> 我今不想去彼林，宁可食此优昙婆罗果。

这时佛告诉众比丘说："你们应当知道，那时的大猕猴就是我。那只雄虬就是魔波旬。那时他就想欺骗我，没有得逞。今天又想用世间五欲之事来引诱我，岂能动摇我的坐处？"

又《杂宝藏经》讲：从前有一群乌鸦和一群猫头鹰，两群鸟结下了冤仇。白天，乌鸦知道猫头鹰眼睛看不见，就冲进猫头鹰群中，杀死猫头鹰，吃它们的肉。到了夜里，猫头鹰知道乌鸦眼睛看不见，又啄死乌鸦，开胸破腹，也吃它们的肉。这样，一个怕白天，一个怕夜晚，竟然没有个终结。

乌鸦群里有一只聪明的乌鸦，对乌鸦们说："我们和猫头鹰，已经结成了怨敌，没法和解，最后不是我们消灭它们，就是它们消灭我们，势不两立。我们应该想一个办法，消灭猫头鹰，然后我们才可以得到欢乐。如果不这样，我们最后会被它们打败的。"乌鸦们说："照你这样说，有什么办法，能消灭我们的仇敌呢？"这只聪明的乌鸦说："你们各位乌鸦，一起来啄我，拔掉我的羽毛，啄破我的头，我就会想出办法，叫敌人灭亡。"

乌鸦们于是就照着它说的做了。这只乌鸦形容憔悴，飞到一只猫头鹰的巢穴外边，自个儿哀声叫唤。猫头鹰听到乌鸦的叫声，出来问它："你今天为何受伤，跑到了我们这儿来？"乌鸦对猫头鹰说："乌鸦们都恨我，我没法活下去了。为了躲避仇人们，我只好来投奔你。"

这只猫头鹰可怜它，便把它收留了下来。猫头鹰每天给它一些剩肉吃，日子一长，乌鸦的羽毛渐渐复原了。乌鸦悄悄打起主意，从外面衔来一些干树枝和各种干草，放在猫头鹰的巢里，好像是要报答猫头鹰的恩情。猫头鹰问乌鸦："这干树枝和草拿来做什么？"乌鸦回答说："这巢穴里全是冰冷的石头，这些草木可以用来抵御风寒。"猫头鹰没说话，以为真是这样。于是乌鸦又要求留守在巢穴里，假说要伺候猫头鹰，报答它的恩情。一天，天下大雪，寒气猛烈，猫头鹰都集合在巢穴里。乌鸦一看机会到了，非常高兴。它从牧羊人那里衔来火种，烧着了猫头鹰的巢穴，这群猫头鹰一下全被烧死了。这时，天神们说偈言道：

> 所有的怨敌，不应该相信。
> 如乌鸦狡诈，烧死猫头鹰！

又《六度集经》讲：从前菩萨是孔雀王，有五百雌孔雀做它的妻子。它抛弃旧妻，要娶青雀为妻。青雀只吃甘露和好果子，孔雀王每天为它出去寻找。

  那时国王的夫人生了病，梦中见到孔雀王，说孔雀肉可以做药。王夫人醒后，报告国王，国王命令猎人赶紧去找。王夫人说："谁要能捉到孔雀王，我把女儿嫁给他，还赏黄金一千斤。"猎人们分头去捉捕，看见孔雀王跟一只青雀常在一起找食，就用拌了蜜的面，到处涂在树上。孔雀王则取蜜面给青雀妻吃。猎人把蜜面涂在身上，端坐而候。孔雀王取蜜面，猎人一下就把它抓住。孔雀王说："你这么辛苦费力，一定是为了利。我告诉你金山在哪里，可以成为你无尽的宝藏，你放我一命。"猎人说："大王赏我一千斤金子，还把女儿嫁给我，我岂能听你的话？我决定把你献给国王。"

  孔雀王见到国王，说："大王的仁爱之心，无处不在。愿大王接受我小小的建议，给我一点点水。我用咒语咒过，喝了这水，病就会好。如果无效，惩罚我不晚。"国王照它说的办，夫人喝下，所有病全好了，而且光彩焕发。宫中人众，也是一样。举国赞叹国王仁慈，保全了孔雀王的性命，又让一国的人民寿命延长。孔雀王说："请让我投身大湖，用咒语咒湖水，全国老百姓的疾病，都可得痊愈。要是我说的是假话，请用棍子打我的脚。"国王说："可以。"孔雀王照它说的做过。

一国人民喝过水后，都增长了气力。聋子能听，哑巴开口说话，瞎子能看，残疾人站直，所有疾病，都是如此。国王夫人病好了，一国人民病也好了，都不再有伤害孔雀王之心。孔雀王知道后，报告国王说："我得到大王活命之恩，我用救济一国人民的办法报答了大王。我的事情已经完成，请让我走吧！"国王说："可以。"

于是孔雀王飞到树上，又说道："天下有三痴。"国王问："哪三痴？"孔雀王说："第一是我痴，第二是猎人痴，第三是大王痴。"国王说："请你解释。"孔雀王说："诸佛重戒，把色看作跟火一样，引火烧身，危及性命，都是因为贪色。我抛弃五百妻子，为青雀找食，跟奴仆一样。我为了虚假的所得，危及自己的性命。这是我的痴。再说猎人的痴。我至诚之言，把一座山的黄金和无穷的宝藏，都给他。可是他相信夫人的假话，想娶上国王的女儿。世上的人愚蠢，都是如此。违背佛真诚的戒律，相信鬼话，饮酒淫乱，或遭破门之祸，或死后入地狱，受苦无数，要想转生为人，就像没有羽毛的鸟要飞上天一样，岂不难哉！淫妇妖言惑众，就像鬼怪一样。听了她的话，没有不亡国的，可是愚蠢的人却尊敬她。她一万句话没一句是真的，可是猎人却相信。这是猎人的愚蠢。大王得到神医，一国的人，疾病除去，诸毒消灭，面色鲜艳，大人小孩，无不欢欣，可是大王却放走了我。这就是大王的愚蠢。"

佛告诉舍利弗:"从此以后,孔雀王四处飞来飞去,用神药和仁慈之心布施众生,医治疾病。孔雀王就是我。国王就是舍利弗。猎人就是调达。夫人就是调达的媳妇。菩萨慈悲聪慧,救度一切,如此实行布施。"

又《杂宝藏经》讲,佛说:过去很久以前,在一个莲花池里,住着许多水鸟。那时有一只鹳雀,在水池里缓缓举脚行走。鸟儿们说:这鸟善于步行,举止安详,不搅动水。这时有一只白鹅说偈言道:

举脚而徐步,声音极柔软。
欺骗世间人,谁不知谄谀!

鹳雀说:"你为什么这么说?我来是希望和大家做朋友。"白鹅回答:"我知道你说的是假话,我永远不会和你做朋友。"

你们要知道,那时的鹅王,就是我。那时的鹳雀,就是今天的提婆达多。

又《杂宝藏经》讲,佛说:过去很久以前,雪山之侧,有山鸡王,带着许多山鸡,作为随从。山鸡王鸡冠极红,身体很白,对山鸡们说:"你们要远离城市村庄,莫要到人所在的地方去找食。我们有许多仇人,必须十分小心。"那时村子里有只猫,听说附近有群山鸡,便来到山鸡那儿。猫在树下低着头，慢慢地走动，对鸡王说："我给你做妻子，你做我的丈夫。你体形端正可爱，头上红色的鸡冠，周身雪白。我要是伺候你，一定安稳快乐。"山鸡说偈言道：

  黄眼猫子蠢东西，心怀歹意欲偷食。
  不见有谁娶作妻，能让生命得安全。

  那时的那山鸡王就是我。猫子就是提婆达多。提婆达多过去就想诱骗我，今天还想诱骗我，拉走我的弟子。

源流

首先，我们应该知道，道世为什么要编撰《法苑珠林》一书。

编纂类书，在中国历史上很早就有传统。现在知道的最早的类书，是三国魏文帝曹丕时（公元二二〇—二二六年）刘劭、王象等编成的《皇览》，据说规模极大，有八百余万字。其后南朝刘宋时代（公元四二〇—四七九年）何承天、徐爰也各自编有同名的类书。当然，这些类书都是世俗性的著作，而且后来都佚失了。

类书大量地出现，是在南朝的萧梁时代（公元五〇二—五五七年）。这件事，实际上不能不说与佛教和佛教徒有关。南北朝时期，佛教在中国得到大发展，不管在北方还是南方，佛教都很盛。和以前汉魏间的情形不一样，不仅信佛的人日益增多，经过三百年来的努力，翻译出来的佛教经典也越来越多，已经多到了一般人很难通览的地步。在这种情形下，佛教徒们自然会想到把浩瀚的经典中最主要的部分抄出来，又根据方便查阅、学习和使用的原则，分门别类，编纂成书，于是就出现了与世俗类书不一样，专门的佛教类书。

在道世以前，编纂佛教类书的僧人，现在知道最早的，就是萧梁时期的僧旻等。僧旻编成《众经要钞》八十八卷（包括目录），可惜原书今已不存。与僧旻同时的宝唱，为了补充《众经要钞》的不足，又编成《经律异相》五十卷（也包括目录），书今犹存。两部书，都是根据当时极端信仰佛教的梁武帝萧衍的敕令而编的。梁武帝之后的梁简文帝，还在做太子时，就亲自动手，邀集大批学士，编成了一部三百卷的佛教类书《法宝连璧》。他做皇帝后，又命令僧人智藏等编成另一部八十卷的类书《义林》。这时还有过另一部佛教类书《华林遍略》，可能是梁武帝时所编。同时又有湘东王记室虞孝敬，编成《内典博要》四十卷。孝敬后来出家为僧，改名为慧命。从这一系列书名，以及这些书的规模，就足以见到当时编纂佛教类书的盛况。佛教类书，虽然在内容的采摘上与世俗的类书不同，但在体例、编纂方法和整体设计上与后者并无大异。可以说，前者开始时是对后者的仿效，但同时又是一种发展。两者都是中国文化发展史上的重要成果。当时编撰这些类书，主事和参加者不只是学问僧，而且有许多不是僧人的"学士"，尤其其中有一些与佛教渊源很深的学者，例如后来以撰写《文心雕龙》著名的刘勰。另有一位以注《世说新语》而著名于后世的刘峻（孝标），年轻时也曾经出家为僧，他虽然没有听说参加过编纂佛教类书，可是却在梁武帝时编成过一部一般的，但部头不小，一百二十卷的大型类书《类苑》。这些，显然都会对两大类类书在这一时期的发展产生影响。

《法苑珠林》的编撰者道世活动的时代，在隋末唐初。隋唐两代，文治武功，都极一时之盛。文化的兴盛和发达，反映之一就是出现了许多新编的类书。隋代的两朝皇帝都信佛，隋代智果等奉敕所编的《香城甘露》，全书五百卷，大概算是历史上规模最大的一部佛教类书了，只是同样也未能流传下来。唐初的几位皇帝，唐太宗对于佛教，总的态度是友好的，尤其是晚年，受到高僧玄奘的影响，支持佛教，而其后的高宗和武后，则是佛教最积极的支持者。所以当时佛教更是兴盛。唐代初年所编的类书，据史籍记载，约有十余种。现在流传下来，有名的就有虞世南编的《北堂书钞》，欧阳询等编的《艺文类聚》，和徐坚等编的《初学记》等几种。在这样的情形下，像道世这样学问渊博、遍览三藏的僧人，发心要编出一部新的，他自己认为更为渊博广洽，又切合实用的佛教类书，自然不奇怪。这就是《法苑珠林》一书在当时产生的大的背景。

律宗的僧人，历来重视著述。与道世同时，同住西明寺，关系极密切的道宣法师，就是一位著述极丰的律宗大师。律宗僧人著述的目的很明确，是为了"道俗依行，传灯有据"。根据在哪里？最重要的根据，就是佛教的经典，也包括与经典相关的著作。道世编《法苑珠林》，显然是基于这样的想法。

道世其他的著作中，卷帙仅次于《法苑珠林》，同时内容和体例也与《法苑珠林》最为接近的，是他编撰的《诸经要集》。《诸经要集》又称《善恶业报论》，二十卷，为道世在唐高宗显庆年间（公元六五六—六六〇年）所编撰，时间比《法苑珠林》稍前。道世在《诸经要集》前的《自序》中讲到他编书的目的：

"慨正像寖移，沿流末代。凡情暗短，器识昏迷。日有浇醨，教沉道丧。所以彝章讹替，教迹沦湑。文句浩汗，卒难寻览。故于显庆年中，读一切经，随情逐要，人堪行者，善恶业报，录出一千，述篇三十，勒成两帙，冀道俗依行，传灯有据。"

《法苑珠林》的编成，虽然晚于《诸经要集》，但道世编两种书，基本的立意是一致的。只是两种书在内容上有不同的侧重点：《诸经要集》主要讲教法修行，尤其强调佛教的善恶业报的理论，而《法苑珠林》则搜罗古今，涵盖宇宙，自然人事，伦理是非，无所不包，成为一部百科全书式的著作。《诸经要集》分三十"部"，部与《法苑珠林》的"篇"相当。《诸经要集》每部的题目，几乎完全不变地又移入《法苑珠林》，成为《法苑珠林》中的篇题。两书相同的部或篇之间，内容上也只是略有增删，并无大的不同。不过前者只有二十卷三十部，后者却有一百卷一百篇。后者的规模和范围大大超过前者。再有，《诸经要集》在每部的开始处，设有《述意缘》，总说一部的大意，其次设有《引证缘》，广引经典为证。这样的结构，也被应用到《法苑珠林》中，仅仅只是改动了一个字，在篇之下称为《述意部》或《引证部》，最末又增加一个《感应缘》。因此，如果我们把《法苑珠林》看作是《诸经要集》的扩充和完善，也无不可。

在道世之后，编撰佛教类书的事，虽然也有，例如五代僧人义楚编的《释氏六帖》二十四卷，宋代居士陈实编的《大藏一览集》十卷，但就其规模，取材的广泛和编排的完整而言，都与道世的《法苑珠林》相差甚

源　流

远。与《法苑珠林》在规模和体例上相近，在南北朝隋唐间编成的其他大型的佛教类书，大多未能流传下来。于是《法苑珠林》，今天就成为我们所能见到的古代最大最有代表性的一部佛教百科全书。

解说

作为一部佛教类书,《法苑珠林》的价值是多方面的。

　　首先,它为当时僧俗两众的佛教人士提供了一部全面而实用的、概览性的大型工具书。在道世的时代,译出的佛教经典,在数量上已经可以说汗牛充栋。寻检、阅读全部佛教典籍,对于一般人来说,已经非常不容易。道世从数量如此巨大的经典中,分门别类,精心地选出他认为是最重要、最实用的部分,加上说明,并补充上他觉得有关的材料,编成这样一部百科全书式的类书,无疑大大地方便了他同时和以后想要了解佛教、学习佛教的人士。古代书籍的流传,在北宋以前,主要依靠手抄。佛教的经典当然也是如此。一般的寺院或个人,在当时要想抄齐一部大藏经,不是件容易的事。

道世的书，虽然不能代替经典本身，但作为一部系统、全面、百卷之巨的"经钞"，一定意义上自然可以起到"佛经通览"的作用。倘若抄置一部，在阅读和写作时是很有用的。古人为什么要编类书，类书包括佛教类书为什么被人们所重视，这是最主要的原因之一。

其次，就全书的体例而言，《法苑珠林》整体的编排显得比较得当。道世之前，已经有多种一般的和佛教的类书出现，道世在编《法苑珠林》前，已经编过《诸经要集》，所以他在安排《法苑珠林》全书的结构和体例时，一定做过精心的考虑和设计，以尽量体现出自身的特点。《法苑珠林》每篇或每一"大部"，几乎都有一个固定的格式：首先是《述意部》，其次《引证部》，以下再根据需要和具体内容分列出有关的义项。篇末再是《感应缘》。引证典籍或故事，尤其有一定的规矩。引书都标明出处。如果引用的是翻译的经、律、论，则标列书名在前，抄录原文在后，例如卷一的"依《智度论》云"，"今且依《立世阿毗昙论》云"，"故《瑜伽论》云"，"依《中阿含经》云"等等。如果引用的是中国典籍，则书名或在前，或在后，多数在后。在前者如卷四的"依河图曰"，"皇甫士安《帝王世纪》曰"，"《三五历纪》曰"等等。在后者如卷五的"右一出《梁朝高僧传》"，"右一出《冥祥记》"，"右一出《搜神记》"等等。

除了大量地引书外，道世还常常引用他当时耳闻目见之事。这种情形，都出现在《感应缘》中。在这种情况下，道世也一一注明是从何人何处所闻所见。例如卷五《六道篇》的《修罗部》中他引证到与他同时的王玄策所著的《西国志》，和有关玄策出使印度的一些见闻，最后便补充道："余见玄策，具述此事。"再如道世曾随从玄奘法师译经，因此他在《法苑珠林》不仅引到《奘法师传》一书，又接着补充道"玄奘法师云"，以下便是另一段书中未载的故事。最后还说明："其人具向奘法师述此因缘。"（卷五同上）道世这样做，目的是表明，他所引证或所说，不是随意的虚构，每件事都有出处和证据。这种做法，后来的学者非常称赞，认为"甚合史法"。这也说明，道世编撰《法苑珠林》时态度十分认真和严肃。

《法苑珠林》引用的典籍，佛经方面的，约有三百余种。佛经以外的，据陈援庵先生的统计，约有一百四十余种。其中征引最多的，是王琰的《冥祥记》，有一百四十次，其次是干宝的《搜神记》，有一百余次，唐临《冥报记》七十次，颜之推《冤魂志》四十次，郎余令《冥报拾遗》三十五次，《续搜神记》及刘义庆《幽明录》、刘敬叔《异苑》、祖冲之《述异记》各十余次，其余的则征引在十次以下不等。《法苑珠林》征引

解　说　199

的这些书，其中很多早已经不存在。通过《法苑珠林》，有时也包括其他的类书，我们今天才可能了解这些书的部分内容，进而重新辑出佚文。所以后来有人评论到《法苑珠林》的价值时说：

"陈隋以上旧籍，唐初存者较多，其无传书者，可以为搜讨之用，其无足本者，可以为校补之资，于艺苑学林，自有裨益。"

其实还不仅限于书。例如唐初太宗、高宗时王玄策三次出使印度，归国后著《中天竺国行记》（又称《西国行传》）十卷，后来佚失，《法苑珠林》则不仅引到此书，而且还因为道世自己个人与玄策有交往，记下了一些玄策口述的事情。玄策的事迹，很多就是靠《法苑珠林》始得为人所知。这些，也是《法苑珠林》今天受到重视的原因之一。

同样地，就佛经方面而言，《法苑珠林》中引用的，有一些是唐以后不传的经典，其中也包括一些后世不传的"疑伪经"。当然，疑伪经由于大多是由中国人托名伪造，要是从严格的佛教信仰的角度讲，它们的价值通常是不被承认，甚而被摒弃的。但是，如果换一个角度看，它们却对了解佛教在中国发展、变化的历史有着特殊的意义和价值，因为这些疑伪经不仅纯粹是中国佛教，尤其是大众化的中国佛教自身的产物，而且大多曾经广泛流行，产生过相当的影响。至于当时曾译出，而后来失传的佛经，当然也有它们的价值。这些特点，也是我们今天阅读《法苑珠林》时应该注意到的。

除了以上的几条，我们还需要注意到的重要的一点是，道世编撰《法苑珠林》，从整体上看，并不仅仅是对资料单纯的整理和重新的编排。道世在编撰《法苑珠林》的整个过程中，抄录和述作同时并举，他力图通过两方面的文字来表达他自己的观点。不仅每篇以及很多"大部"之前的《述意部》，文字全由道世自撰，而且在各篇各部抄录的经籍原文之后，也不时有道世撰写的"述"或"颂"，对前面所引的大段文字进行评述或串讲。"述意"或"述"或"颂"，都表达出道世自己在有关方面的一些看法和观点，其中有些可以用作了解和研究当时佛教思想发展状况的材料。

隋唐时期，最初从印度传过来的佛教，已经很大程度地"中国化"。佛教的思想，已经开始与中国的传统思想密切地，也可以说是有机地相融合。道世在《法苑珠林》全书中所表现出的他的编纂方针，篇章题目的选定安排，其中他自己撰写的文字，都与中国佛教在这一段时期中发展的大倾势和特点相一致。《法苑珠林》中有不少的篇章，例如第四十一《君臣篇》、第四十二《纳谏篇》、第四十三《审察篇》、第四十四《思慎篇》、第四十五《俭约篇》、第四十六《惩过篇》、第四十七《和顺篇》、第四十八《诫勖篇》、第四十九《忠孝篇》、第五十《不孝篇》，引证的基础部分虽然是印度经典，但议论的主题却与中国传统的政治、伦理、道德问题密切相关。在这些篇章里，道世明显地想把印度佛教的理论和中国传统思想糅合在一起，使其更为实用。我们今天浏览《法苑珠林》全书，如果细心，大者，从篇章的结构安排；小者，从字里行间，不仅可以获得佛教的基本知识，也可以看出、感觉到唐初佛教的气息，同时还应该体会到道世编书、撰书的意旨和用心，那就是，将佛教的知识和思想融会到人世间的生活中，以求改良和改造世间。至少在道世自己看来，这恐怕就是《法苑珠林》一书最重要的价值之一吧。

参考书目

1.《经律异相》 梁宝唱撰 《大正藏》本

2.《诸经要集》 唐道世撰 《大正藏》本

3.《续高僧传》 唐道宣撰 《大正藏》本

4.《大唐内典录》 唐道宣撰 《大正藏》本

5.《开元释教录》 唐智昇撰 《大正藏》本

6.《宋高僧传》 宋赞宁撰 《大正藏》本

7.《翻译名义集序》 宋周敦义撰 《大正藏》本

8.《四库全书总目》 清永瑢等撰 北京中华书局一九六五年版

9.《中国佛教史籍概论》 陈垣撰 北京中华书局一九六二年版

出版后记

星云大师说:"我童年出家的栖霞寺里面,有一座庄严的藏经楼,楼上收藏佛经,楼下是法堂,平常如同圣地一般,戒备森严,不准亲近一步。后来好不容易有机缘进到藏经楼,见到那些经书,大都是木刻本,既没有分段也没有标点,有如天书,当然我是看不懂的。"大师忧心《大藏经》卷帙浩繁,又藏于深山宝刹,平常百姓只能望藏兴叹;藏海无边,文辞古朴,亦让人望文却步。在大师倡导主持下,集合两岸近百位学者,经五年之努力,终于编修了这部多层次、多角度、全面反映佛教文化的白话精华大藏经——《中国佛教经典宝藏》,将佛教深睿的奥义妙法通俗地再现今世,为现代人提供学佛求法的方便途径。

完整地引进《中国佛教经典宝藏》是我们的夙愿,

三年来，我们组织了简体字版的编审委员会，编订了详细精当的《编辑手册》，吸收了近二十年来佛学研究的新成果，对整套丛书重新编审编校。需要说明的是此次出版将丛书名更改为《中国佛学经典宝藏》。

佛曰：一旦起心动念，也就有了因果。三年的不懈努力，终于功德圆满。一百三十二册，精校精勘，美轮美奂。翰墨书香，融入经藏智慧；典雅庄严，裹沁着玄妙法门。我们相信，大师与经藏的智慧一定能普应于世，济助众生。

东方出版社

图书在版编目（CIP）数据

法苑珠林 / 王邦维 释译. —北京：东方出版社，2020.4
（中国佛学经典宝藏）
ISBN 978-7-5060-8640-0

I. ①法… II. ①王… III. ①佛教—中国—唐代
IV. ① B94

中国版本图书馆 CIP 数据核字（2015）第 267700 号

本书中文简体字版权由上海大觉文化传播有限公司独家授权出版
中文简体字版专有权属东方出版社

法 苑 珠 林
（FAYUAN ZHULIN）

释 译 者：	王邦维
责任编辑：	王梦楠　杨　灿
出　　版：	东方出版社
发　　行：	人民东方出版传媒有限公司
地　　址：	北京市朝阳区西坝河北里 51 号
邮　　编：	100028
印　　刷：	北京市大兴县新魏印刷厂
版　　次：	2020 年 4 月第 1 版
印　　次：	2020 年 4 月第 1 次印刷
开　　本：	880 毫米 ×1230 毫米　1/32
印　　张：	7.25
字　　数：	104 千字
书　　号：	ISBN 978-7-5060-8640-0
定　　价：	48.00 元
发行电话：	（010）85924663　85924644　85924641

版权所有，违者必究
如有印装质量问题，我社负责调换，请拨打电话：（010）85924602　85924603